首阳教育书系

高校思想政治理论课教学改革与质量提升研究

全玉善　著

陕西师范大学出版总社　西安

图书代号 JY24N2552SY

图书在版编目（CIP）数据

高校思想政治理论课教学改革与质量提升研究 /
全玉善著． -- 西安 ： 陕西师范大学出版总社有限公司，
2024. 11. -- ISBN 978-7-5695-5197-6

Ⅰ．G641

中国国家版本馆 CIP 数据核字第 2024E7B209 号

高校思想政治理论课教学改革与质量提升研究

GAOXIAO SIXIANG ZHENGZHI LILUNKE JIAOXUE GAIGE YU ZHILIANG TISHENG YANJIU

全玉善 著

出 版 人	刘东风
出版统筹	杨　沁
特约编辑	马辉娜
责任编辑	赵苏萍
责任校对	曹小荣
封面设计	知更壹点
出版发行	陕西师范大学出版总社
	（西安市长安南路 199 号　　邮编　710062）
网　　址	http://www.snupg.com
印　　刷	三河市南阳印刷有限公司
开　　本	710 mm×1000 mm　　1/16
印　　张	10.75
字　　数	215 千
版　　次	2025 年 6 月第 1 版
印　　次	2025 年 6 月第 1 次印刷
书　　号	ISBN 978-7-5695-5197-6
定　　价	60.00 元

前　言

当前国际国内形势复杂多变，社会上各种思想文化相互激荡、多元文化交织的局面对大学生的思想观念产生了深刻影响。作为培养社会主义建设者和接班人的重要阵地，高校思想政治理论课的教学质量直接关系到国家发展和民族振兴。随着时代的发展，高校思想政治理论课教学面临着诸多新情况和新挑战。在新时代背景下，创新教学方法、提升教学质量成为一项紧迫的任务。本书通过分析高校思想政治理论课教学改革的现状，探讨存在的问题及其成因，并提出相应的对策与建议，以期为提升思想政治理论课的教学质量提供有益的参考。

全书共六章。第一章为绪论，主要阐述了高校思想政治理论课的内涵与特点、高校思想政治理论课的历史发展、高校思想政治理论课的主要任务、高校思想政治理论课的价值意蕴等内容；第二章为高校思想政治理论课教学改革的时代要求，主要阐述了高校思想政治理论课教学改革的时代机遇、高校思想政治理论课教学改革的时代挑战、高校思想政治理论课教学改革的必要性和意义等内容；第三章为高校思想政治理论课教学改革的现状，主要阐述了高校思想政治理论课教学改革取得的成绩和高校思想政治理论课教学改革存在的问题等内容；第四章为高校思想政治理论课教学改革的基本理论，主要阐述了高校思想政治理论课教学改革的指导思想、高校思想政治理论课教学改革的基本原则等内容；第五章为高校思想政治理论课教学改革的基本要素，主要阐述了高校思想政治理论课教学内容改革、高校思想政治理论课教学方法改革、高校思想政治理论课教学模式改革、高校思想政治理论课教学评价改革等内容；第六章为高校思想政治理论课教学质量提升路径，主要阐述了高校思想政治理论课教学质量提升的基本思路、高校思想政治理论课教学质量提升的工作机制、高校思想政治理论课教学质量提升的实现路径等内容。

为了确保研究内容的丰富性和多样性，笔者在写作过程中参考了大量理论与研究文献，在此向涉及的专家学者表示衷心的感谢。

最后，限于笔者水平，加之时间仓促，本书难免存在一些不足之处，在此，恳请同行专家和读者朋友批评指正！

目　　录

第一章　绪论

在当今的高等教育体系中，思想政治理论课承载着培养学生正确的"三观"（世界观、人生观和价值观）的重要使命。因此，对于每一位学子而言，深入学习和领会思想政治理论课的精髓，不仅是对知识的追求，也是对精神的洗礼和思想的升华。本章围绕高校思想政治理论课的内涵与特点、高校思想政治理论课的历史发展、高校思想政治理论课的主要任务以及高校思想政治理论课的价值意蕴四个方面展开论述。

第一节　高校思想政治理论课的内涵与特点

作为大学生思想政治教育的核心阵地，高校思想政治理论课承载着传授中国特色社会主义理论基本观点和科学体系的重要使命。在塑造大学生正确的世界观、人生观和价值观方面，高校思想政治理论课发挥着无可替代的积极作用。在当前社会多元价值观交织、信息爆炸的时代背景下，这一课程的地位凸显，对于学生坚定理想信念、树立正确的价值观具有重要意义。

一、高校思想政治理论课的内涵

（一）高校思想政治教育

高校思想政治理论教育，作为社会思想政治教育体系的一个重要分支，其内涵博大精深，囊括了思想品德与政治理论两大教育板块。纵观人类历史长河，思想政治教育始终扮演着举足轻重的角色，自阶级分化与国家诞生以来，它便以独特形态存续并不断发展。尽管在不同的历史时期，这一教育实践活动可能不被冠以"思想政治教育"之名，但其核心涵盖政治、思想、道德、法治等多方面。教育始终与特定的政治体制、经济模式、文化背景及法律体系相联系，并以一定的思想理论为指引。

在我国，思想政治教育是一个宏大而系统的工程，由党和政府引领，横跨社会各领域，其中，学校思想政治教育，尤其是高校层面的教育，占据了举足轻重的地位。一般而言，思想政治教育指的是特定阶级、政党或社会群体依据人的思想品德形成与发展规律，通过特定的思想观念、政治观点和道德规范，对其成员实施有目的、有计划、有组织的影响，旨在塑造符合社会与阶级需求的思想道德风貌。时至今日，思想政治教育依然是全球各国社会教育体系不可或缺的一环，持续受到各国政府的高度重视。

高校思想政治理论课，作为大学生思想政治教育的核心渠道与必修课程，在塑造大学生价值观方面发挥着主导作用。这一教学活动不仅是高校育人工作的关键组成部分，更是一种特殊的教育实践，要求我们深刻认识并明确其在高校人才培养体系中的科学定位。在我国高等教育体系中，思想政治理论课肩负着对大学生进行思想政治教育的使命，是引导他们树立正确世界观、人生观、价值观的重要平台，也是体现社会主义大学本质特征的标志性课程。通过学习，大学生能够深刻领悟并把握社会主义核心价值观，为个人的成长与发展奠定坚实的思想根基。

教育作为社会现象，必然带有阶级性、生产性和历史传承性，思想政治教育亦不例外，它深受特定社会政治、经济、文化及传统等因素的影响。高校思想政治理论课的性质，既彰显了社会主义制度的本质要求，也体现了思想政治教育作为一门学科的独特属性。

首先，高校思想政治理论课体现了社会主义制度对高等教育人才培养的根本要求。它依据大学生思想变化的规律，运用科学理论指导学生正确处理主观与客观、思想与行为之间的关系，从而树立正确的世界观、人生观、价值观。教育的终极目标在于培养社会主义的建设者和接班人，而党的教育方针则明确指出要培养德智体美劳全面发展的社会主义建设者和接班人。因此，高等教育必须明确培养目标、方式及服务对象，坚持用马克思主义理论教育人，不断推进马克思主义的中国化、时代化、大众化，用马克思主义中国化的最新成果武装学生头脑，增强学生的"四个自信"，即中国特色社会主义道路自信、理论自信、制度自信、文化自信，将他们培养成德智体美劳全面发展的新时代人才，这对于巩固和发展中国特色社会主义事业，实现中华民族伟大复兴具有深远意义。

其次，从学科层面来看，高校思想政治理论课所依托的是我国独有的，政治性、科学性与实践性并重的马克思主义理论一级学科。课程内容广泛涉及哲学、经济学、政治学、历史学、法学、教育学、心理学、伦理学等多个学科领域，并随着各学科的进步和社会的发展而不断丰富和完善。尽管如此，其核心仍聚焦于对大学生的思想教育、政治教育、道德教育和法治教育，旨在通过这一系列教育活动，培养出具有坚定政治立场、高尚道德品质、扎实法治意识的新时代青年。

高校思想政治教育不仅兼具政治性与科学性，还带有鲜明的意识形态色彩。这种意识形态性源于思想政治理论课与特定社会和阶级意识形态活动的紧密联系，其目的在于使大学生系统掌握并接受特定的政治观点、思想观念、道德规范及法律意识，进而形成正确的世界观，为成为德智体美劳全面发展的社会主义建设者和接班人奠定坚实的思想基础。

（二）高校思想政治理论课的本质

高校思想政治理论课是针对大学生群体精心设计的一套关于马克思主义理论与思想政治教育的综合性课程体系，其宗旨在于有效提升大学生的思想政治理论素养。

从课程实施的角度来看，它紧密围绕教学与教育的双重核心，着重于"教"的四个核心维度：教学内容的选择、受教育者的确定、教育者的角色以及教学方法的应用。这四个方面相互依存、相互制约，共同构成了一个完整且高效的教学机制。简而言之，高校思想政治理论课的本质可归纳为以下几个方面。

1. 高校思想政治理论课是学科课程

高校思想政治理论课是一门学科课程，建立在深厚的学科知识和理论基础之上，作为公共必修课的组成部分，具有独特的定位与价值。这门课程不仅展现了严谨的系统性、深厚的理论性和坚实的科学性，为大学生提供了丰富的人文社会科学知识，还在提高其科学文化水平方面扮演着关键角色。同时，它鲜明地体现了政治性、意识形态性、思想性和实践性，通过马克思列宁主义、毛泽东思想、邓小平理论、"三个代表"重要思想、科学发展观、习近平新时代中国特色社会主义思想的传授，旨在实现"传授知识、锻炼能力、塑造品格、坚定信仰"的多元教育目标。大学生通过学习，能够运用马克思主义的立场、观点和方法，深入剖析并解决在构建世界观、人生观、价值观、道德观、法治观、历史观等过程中遇到的实际问题，从而更好地适应和理解复杂多变的社会现实。

2. 高校思想政治理论课是德育课程

高校思想政治理论课也是一门德育课程，其核心在于提升学生的思想道德素质。与智育课程相比，德育课程更注重思想上的引导与提升，不仅传授知识，更致力于培育和提升学生的思想道德品质。作为马克思主义教育的重要载体，思想政治理论课的内容直接关联到大学生的政治导向和道德品格的塑造，其最终目标是促进学生的全面发展，提升综合素质。在诸多素质中，思想政治素质无疑占据重要地位，因此，高校思想政治理论课在学生思想政治素质的提升中发挥着不可替代的作用。

3. 高校思想政治理论课是显性课程

从课程的表现形态来看，高校思想政治理论课属于显性课程，具有明确的教学目的和计划。它遵循既定的教学计划，配备专门的教材，设定固定的课时，并建立了完善的教学效果评估机制。然而，显性课程的教学并非孤立存在，而是需要与学校中的潜在思想政治教育资源（即隐性课程）以及党政工团（党，即共产党在基层的支部或是党委；政，指政府办公室或机关办事机构；工，指工商联合会；团，指共青团的团支部、团委）等组织在日常工作中开展的思想政治教育工作紧密结合，共同推动思想政治教育工作的深入发展，以达到最佳的教育效果。

4. 高校思想政治理论课是国家课程

高校思想政治理论课还是一门国家课程，是党和政府实施高校思想政治教育的基本途径。自中华人民共和国成立以来，党和政府始终高度重视大学生的思想政治教育，系统总结历史经验，明确教育任务，将高校思想政治教育视为人才培养的首要任务。设立马克思主义理论课程，以课程形式对大学生进行系统的马克思主义教育，为思想政治理论课的建设积累了宝贵经验。如今，我国持续推动高校思想政治理论课的创新与发展，致力于构建深受学生喜爱、使其长远受益的课程体系。实施一系列课程体系创新计划，不断深化课程改革，优化教材内容，加强教师队伍建设，提升教学质量，从而确保思想政治理论课能够充分发挥其在培养社会主义建设者和接班人过程中的不可替代的作用。

二、高校思想政治理论课的特点

（一）政治性

高校思想政治理论课，其核心旨在塑造大学生正确的政治认知、坚定的政治信仰及鲜明的政治立场。该课程深具政治色彩，通过马克思主义理论、爱国主义教育及理想信念的熏陶，不断提升学生的政治敏锐度与是非辨别力，激发他们的政治热情，进而全面提升其政治素养。

（二）思想性

高校思想政治理论课不仅是知识的传递，更是思想的启迪。它助力学生形成正确的世界观、人生观与价值观，通过辩证唯物主义与历史唯物主义的深入教学，让学生掌握马克思主义的世界观与方法论，培养其分析、解决实际问题的能力。同时，课程强调为人民服务与集体主义精神，引导学生树立符合时代精神的社会主义价值观与道德规范，坚定中国特色社会主义信念。

（三）德育性

该课程在加强大学生思想政治教育的同时，也凸显了其道德培育的功能。其根本目标在于引导学生树立正确的"三观"，自觉抵御不良思想的侵蚀，如享乐主义、拜金主义等。因此，高校应充分发挥思想政治理论课（以下简称思政课）的育人功能，将其道德培育功能融入教育的各个环节，并置于首位。

（四）科学性

马克思主义基本原理作为高校思政课的核心内容，科学地将哲学、政治经济学与科学社会主义融为一体，深刻揭示了人类社会的发展规律。该课程将理论与实践紧密结合，以人与世界的关系为研究对象，依托自然科学与社会科学的成果，揭示自然、社会与思维的发展法则。

（五）实践性

随着时代的演进，高校思政课不再局限于理论探讨，而是强调与实践的结合。实践是检验真理的唯一标准，只有开展实践活动，才能有效地提升学生的思想道德素质。思政课的效果，需通过社会实践来检验。

（六）发展性

高校思政课既需要有明确的教学目标与内容，又需紧跟时代步伐，根据学生的思想变化与需求调整教学策略。课程应将理论与实际紧密结合，遵循教育规律，采用生动案例，通俗易懂地解答学生关切的问题，提升教学的可信度与有效性。同时，课程设置需科学规范，与时俱进，反映社会历史变迁，与社会发展目标相契合。

（七）渗透性

高校思政课在实践中具有极强的渗透性。由于该课程知识与学生日常生活紧密相关，若思想政治教育成效显著，将对社会各领域产生积极影响。因此，高校应以科学态度实施思想政治教育，让其在日常生活中得以体现。

第二节　高校思想政治理论课的历史发展

为了更好地建设我国的高校思想政治理论课程，就必须了解我国不同历史阶段思想政治理论课的历史建设与发展状况。

中华人民共和国成立至今，专家和学者在研究高校思想政治理论课建设的各个阶段划分上有着不同的看法，本节从教育领域发生的重大事件、国家在思想政治理论课建设中的重要举措出发，将高校思想政治理论课的历史发展分为探索期、稳定发展期、全面发展期和整合创新期四个不同的历史阶段。

一、探索期：1949—1977 年

中华人民共和国成立初期，我国的教育事业面临困境，一些落后思想深深影响着广大人民群众，解放人民的思想成为当时一项艰巨且繁重的任务。为此，我国的思想文化建设活动在各级各类高校范围内迅速展开，并且高校成为思想文化建设的主要阵地。马克思主义理论学科作为高校思想文化建设的重要组成部分，也开始按计划进行建设。

（一）课程建设的基本情况

随着 1949 年 11 月中央人民政府教育部的成立，我国高等教育的改革大幕徐徐拉开。仅隔数日，教育部便召集华北及京津地区 19 所高等学府的负责人共商高等教育改造大计，北京大学、清华大学等名校的领导者齐聚一堂。会上，时任教育部副部长钱俊瑞强调了课程改革的核心在于强化政治教育，引导学生树立正确的人生观，确立服务人民的宗旨，同时指出专业课程需紧密贴合国家建设需求，实现理论与实践的深度融合。此番论述不仅确立了思想政治理论课在高等教育体系中的核心地位，也为其后续发展指明了方向。

1952 年，教育部发布《关于全国高等学校马克思列宁主义、毛泽东思想课程的指示》，这一纲领性文件详细规划了思政课程的体系结构、课程设置等，标志着全国性高校思政课设置方案的初步成型。根据文件精神，不同学制的高校被要求开设相应的马列主义理论课程，如"新民主主义论""政治经济学"等，为学子筑牢思想根基。

随着时代的变迁，1953 年"新民主主义论"更名为"中国革命史"，以适

应历史发展的新要求。至 1956 年，随着社会主义改造的完成，高校思政课程体系再次调整，统一开设"马列主义基础"等四门核心课程，进一步强化了思政教育的系统性和针对性。同时，时事政策教育也被纳入课程体系，成为思想品德教育的重要组成部分。

全面建设社会主义时期，高校思政教育紧跟党的教育方针，以培养具有社会主义觉悟的文化劳动者为目标。1957 年后，虽然一度调整为单一的"社会主义教育"课程，但随着教学秩序的恢复，思政课程体系逐渐恢复多元化。

1961 年，《中华人民共和国教育部直属高等学校暂行工作条例（草案）》的颁布，更是明确了高校培养社会主义建设人才的基本任务，强调了政治理论教育的重要性，规定了各专业的政治理论教学时间，对中国高等教育的发展和提高起了很大作用。

（二）课程建设的特点

1. 苏联模式的借鉴与融合

中华人民共和国成立初期，我国积极借鉴苏联教育模式，通过设立政治课程、举办政治训练班等方式，加强了对马克思列宁主义、毛泽东思想的学习。同时，参照苏联教学大纲，开设了系列思政课程，并引入"社会主义经济建设"等课程，既吸收了苏联的先进经验，也促进了学生对社会主义建设规律的理解。

2. 课程设置的差异化探索

在课程设置上，文科与理工科、本科与专科之间呈现出不同的特点。文科院校侧重于理论深度，而理工科院校则更注重基础；本科课程更为全面，专科课程则更加聚焦。这种差异化设置体现了对不同专业人才培养需求的精准把握。

3. 经验积累与自主性的初步探索

这一阶段，我国在借鉴苏联经验的同时，也逐步意识到自主性的重要性。虽然初期存在一定程度的模仿，但随着实践的深入，我国开始尝试结合国情进行教育创新，尽管这一过程仍显艰难且充满挑战。

4. 人才培养的鲜明导向

贯穿这一阶段始终的，是明确的人才培养目标——为社会主义建设输送高素质人才。无论是课程体系的构建，还是教学内容的选择，都紧密围绕这一核心目标展开，体现了教育服务于国家发展大局的深刻内涵。

二、稳定发展期：1978—1991年

1978年，党的十一届三中全会召开，我国进入了社会主义现代化建设新时期。在这一阶段我国高校思想政治理论课建设获得了较好的政治、经济和社会环境支持，进入了相对稳定发展的阶段。

（一）课程建设的基本情况

党的十一届三中全会不仅开启了改革开放的伟大实践，也为教育事业的发展指明了方向。邓小平提出的"教育要面向现代化，面向世界，面向未来"的教育理念，如同灯塔般照亮了教育改革的道路。在此指引下，高校马克思主义理论教育得以健康发展，成果斐然。

1980年，教育部与共青团中央携手发布《关于加强高等学校学生思想政治工作的意见》，旨在全面提升大学生的思想政治素养。随后，1981年《关于建国以来党的若干历史问题的决议》进一步强调了思想政治工作的重要性，提出了德智体全面发展、又红又专等教育方针。

1985年，《中共中央关于教育体制改革的决定》明确了教育与社会主义建设之间的紧密关系，将"三个面向"（教育要面向现代化，面向世界，面向未来）和"四有新人"（有理想、有道德、有文化、有纪律的社会主义新人）理念融入教育改革之中，为高校思政课程建设提供了更为广阔的视野和明确的导向。

1986年，国家教育委员会颁布实施了《关于在高等学校进一步贯彻〈中共中央关于改革学校思想品德和政治理论课程教学的通知〉的意见》，细致规划了高校政治理论课程体系，确立了包括"中国革命史""中国社会主义建设""马克思主义原理""世界政治经济和国际关系"在内的四大核心课程，为高校思政教育的系统性和规范性奠定了坚实基础。

1987年，中共中央作出的《关于改进和加强高等学校思想政治工作的决定》深刻指出，高等学校在培养具备较高思想道德素质和科学文化素质的知识分子队伍方面肩负着重大使命，这一决定极大地推动了高校思政理论教育工作的改革与创新。

在此期间，高校思政课程建设取得了显著成就。

首先，充分认可了中华人民共和国成立以来思政课在高等教育中的重要作用，明确了其目标和任务，使课程建设回归正轨。

其次，恢复了马克思主义经典著作的编译与出版工作，推出了《列宁全集》《马克思恩格斯全集》《邓小平文选》等重要文献，促进了学术界对马克思主义

理论的深入研究。

再次，马克思主义研究机构和教学体系得到恢复与发展，高校纷纷设立马克思主义学科和专业，"思想政治教育"更被列入本科专业目录，部分高校还开设了相应的硕士、博士研究生专业。

最后，随着真理标准问题大讨论的深入，学术界对毛泽东思想等的研究日益兴盛，马克思主义中国化的研究取得了新的突破。

（二）课程建设中存在的问题

尽管课程建设取得了显著成效，但仍面临一些亟待解决的问题。

1. 师资队伍短缺

随着课程体系的不断完善和课程数量的增加，各高校对师资队伍的需求也日益迫切。然而，这一阶段师资队伍的培养速度未能跟上课程发展的步伐，导致师资力量相对匮乏，影响了课程教学的整体质量。

2. 学生需求的满足度不足

尽管教学内容逐渐贴近学生的实际思想状况，但仍存在与学生需求不完全匹配的问题。为了培养德才兼备的大学生，各高校增设了"共产主义思想品德"等课程，但课程的实际效果并不尽如人意。传统的教学方法和模式与学生日益增长的思想需求之间存在一定差距，理论教学偏多，缺乏针对性和实效性。

3. 课程内容设置重复

虽然课程建设得到了整体性的规划，但在具体实施过程中，课程内容在不同教育阶段存在重复现象。尽管党中央高度重视课程体系的完善，并采取了诸多措施加强教材编写、师资培养和课程建设，但课程内容的重复设置仍然是一个亟待解决的问题。

三、全面发展期：1992—2012 年

1992 年，党的十四大召开以及邓小平发表南方谈话，标志着我国进入了社会主义现代化建设发展的新阶段。新的发展形势对高校思想政治理论课建设提出了新的要求，高校思想政治理论课建设开始逐步走向科学化、系统化。

（一）课程建设的基本情况

1993 年，中共中央组织部、中共中央宣传部、国家教育委员会发布了《关于新形势下加强和改进高等学校党的建设和思想政治工作的若干意见》，要求在

理论联系实际的方针、"少而精"和"要管用"的基本原则下加强和改进"两课"（思想品德课和马克思主义理论课）教育，以改进教学内容和方法为重点。

20世纪90年代，我国面临全面推进经济体制改革、迎接21世纪挑战的历史性任务，素质教育成为重要课题。1995年3月，第八届全国人民代表大会第三次会议通过了《中华人民共和国教育法》（以下简称《教育法》），其中第五条明确提出："教育必须为社会主义现代化建设服务、为人民服务，必须与生产劳动和社会实践相结合，培养德智体美劳全面发展的社会主义建设者和接班人。"1995年10月和11月，国家教育委员会分别发布了《关于高校马克思主义理论课和思想品德课教学改革的若干意见》和《中国普通高等学校德育大纲》两个文件。各高校在落实国家相关文件的过程中，积极探索教学改革，"两课"开始形成了结构比较合理、内容相互补充的教学体系。同年，国务院学位委员会、国家教育委员会将"两课"相关学科整合成"马克思主义理论教育与思想政治教育"学科（隶属于法学）。

自党的十四大胜利召开后，国家教育委员会明晰了深化高等教育"两课"教学改革的新导向，核心在于将邓小平建设有中国特色社会主义理论融入并确立为"两课"教育的核心框架。为了适应形势发展和高等教育改革的要求，1998年4月23日，中央政治局常委会特别聚焦于教育部党组的汇报，深入探讨了高校增设邓小平理论课程及"两课"教学模式与革新的议题，最终敲定了"两课"课程体系的革新蓝图——《关于普通高等学校"两课"课程设置的规定及其实施工作的意见》（简称"98方案"）。这是一个与马克思主义科学理论体系相一致的新的教材体系。本科层次设置的马克思主义理论课包括五门课程，即"马克思主义哲学原理""马克思主义政治经济学原理""毛泽东思想概论""邓小平理论概论""当代世界经济与政治"；思想品德课包括两门课程，即"思想道德修养""法律基础"。专科的课程设置如下：二年制专科马克思主义理论课包括"马克思主义哲学原理""邓小平理论概论"；三年制专科马克思主义理论课包括"马克思主义哲学原理""毛泽东思想概论""邓小平理论概论"；二年制和三年制专科思想品德课包括"思想道德修养""法律基础"。各层次、各科类学生都要开设"形势与政策"课。

1999年6月，在第三次全国教育工作会议上，江泽民深刻阐述了我国教育的根本导向，他强调，"我们必须全面贯彻党的教育方针，坚持教育为社会主义现代化建设服务、为人民服务，坚持教育与社会实践相结合，以提高国民素质为根本宗旨，以培养学生的创新精神和实践能力为重点，努力造就有理想、有道德、有文化、有纪律的，德育、智育、体育、美育等全面发展的社会主义事业建设者和接班人"①。尤为值得一提的是，在此次讲话中，江泽民首次鲜明地将"为人民服务"确立为教育宗旨之一，并创新性地将"美育"作为培养目标的关键一环，突出地体现了对教育方针的发展。

2001 年 7 月 26 日，教育部发出了《关于普通高等学校"两课"教育教学中贯彻江泽民同志"七一"重要讲话精神的通知》，要求高校抓好"三个代表"重要思想的"三进"（进课堂、进教材、进学生头脑）工作。据此，高校将"邓小平理论概论"课程调整为"邓小平理论和'三个代表'重要思想概论"课程。

2004 年 10 月，中共中央、国务院发出《关于进一步加强和改进大学生思想政治教育的意见》。该意见指出，"高等学校思想政治理论课是大学生思想政治教育的主渠道。思想政治理论课是大学生的必修课，是帮助大学生树立正确的世界观、人生观、价值观的重要途径，体现了社会主义大学的本质要求。要按照充分体现当代马克思主义最新成果的要求，全面加强思想政治理论课的学科建设、课程建设、教材建设和教师队伍建设，进一步推动邓小平理论和'三个代表'重要思想进教材、进课堂、进大学生头脑工作"。此举旨在深入实施中央政策导向，持续升级与优化大学生思想政治教育体系。

2005 年 1 月 17 日至 18 日，全国加强和改进大学生思想政治教育工作会议在北京召开。胡锦涛在会议上强调，"要使大学生成长为中国特色社会主义事业的合格建设者和可靠接班人，不仅要大力提高他们的科学文化素质，更要大力提高他们的思想政治素质。只有真正把这项工作做好了，才能确保党和人民的事业代代相传、长治久安"。胡锦涛指出，"高校是培养人才的重要基地，必须把培养中国特色社会主义事业的建设者和接班人作为根本任务"②。因此，全国高校应坚定不移地执行党的教育政策，坚持立德树人，将德育置于智育、体育、美育之前，并充分利用其作为思想政治教育核心阵地的优势，多维度、深层次地加强高校思想政治教育，以促进学生的全面发展与成长。21 世纪，随着我国改革开放不断深化，社会矛盾和问题更趋复杂多样；世界多极化和经济全球化的趋势在曲折中发展；各种思想文化相互激荡。新的形势对高校思想政治理论课教学提出了新要求。2005 年 2 月，《中共中央宣传部 教育部关于进一步加强和改进高等学校思想政治理论课的意见》发布，它不仅重新规划了高校思想政治理论课的课

---

① 江泽民文选：第二卷 [M]．北京：人民出版社，2006．
② 胡锦涛．改进大学生思想政治教育培养可靠接班人 [EB/OL]．（2005-01-18）[2024-09-14]．https://www.chinanews.com/news/2005/2005-01-18/26/530001.shtml.

程蓝图，还显著强化了思想政治教育理论课程体系建设。同年3月，《〈中共中央宣传部 教育部关于进一步加强和改进高等学校思想政治理论课的意见〉实施方案》发布，该方案详细规定了本科和专科层次学生需要学习的课程。

2006年9月始，各高校开始实施思想政治理论课新课程方案。

2007年，党的十七大强调，要全面贯彻党的教育方针，坚持育人为本、德育为先，实施素质教育，提高教育现代化水平，培养德智体美全面发展的社会主义建设者和接班人，办好人民满意的教育。

2010年7月颁布的《国家中长期教育改革和发展规划纲要（2010—2020年）》进一步明确了指导思想：全面贯彻党的教育方针，坚持教育为社会主义现代化建设服务，为人民服务，与生产劳动和社会实践相结合，培养德智体美全面发展的社会主义建设者和接班人。

2012年11月，党的十八大提出："全面贯彻党的教育方针，坚持教育为社会主义现代化建设服务、为人民服务，把立德树人作为教育的根本任务，培养德智体美全面发展的社会主义建设者和接班人。"

党的十六大、党的十七大、党的十八大提出的教育方针，回归到教育的本质，关注人的发展，体现了21世纪我国人才培养的根本要求和主导价值。党的教育方针的形成和发展过程，是一个随着时代新变化、实践新要求而与时俱进的过程，但无论怎么变化都始终坚持了如下的思想：坚持教育为国家和党的中心任务服务，坚持教育服务人民群众，坚持教育与实践相结合，坚持教育为社会主义事业服务，坚持教育为促进人的全面发展服务。高校思想政治教育是中国共产党整个思想政治教育的重要组成部分。

（二）课程建设的特点

1. 主渠道与主阵地的明确定位

在这一时期，高校思想政治理论课被明确界定为思想政治教育的主渠道和主阵地，其地位与作用得到了前所未有的凸显。伴随着"两课"（即马克思主义理论课和思想品德课）改革的持续深化，课程体系不仅更加完善，而且紧密贴合了学生的实际需求。课程中融入了丰富的爱国主义与社会主义教育内容，这不仅有效提升了学生掌握马克思主义观点和方法论的能力，还极大地促进了大学生正确世界观、人生观、价值观的塑造与形成。

2. 邓小平理论与"三个代表"重要思想的融入

党的十五大报告及随后的"98方案"，高度评价并确立了邓小平理论在党的指导思想中的重要地位，同时，这一理论也被顺理成章地纳入了思想政治教育的核心课程体系之中。然而，值得注意的是，该阶段课程内容虽然丰富，但更新速度相对滞后，且过于侧重理论体系的全面讲授，导致在实际教学中针对性略显不足。

此外，课程建设在继承与发展马克思列宁主义、毛泽东思想的基础上，又融入了邓小平理论、"三个代表"重要思想以及科学发展观等党的最新理论成果，体现了鲜明的时代特征。不过，受限于当时的技术条件与教学理念，这一阶段的教学方法与手段尚不能完全适应现代化的技术手段，课堂互动环节相对匮乏，这在一定程度上影响了教学效果的优化。

四、整合创新期：2013 年至今

（一）课程建设的基本情况

在进入我国全面建成小康社会的发展新阶段。2015 年 7 月，根据中共中央办公厅、国务院办公厅发布的《关于进一步加强和改进新形势下高校宣传思想工作的意见》，中共中央宣传部、教育部印发了《普通高校思想政治理论课建设体系创新计划》，强调要充分认识办好高校思想政治理论课的重要性、艰巨性，并指出，"必须清醒地认识到，世界范围内各种思想文化交流交融交锋更加频繁，如何发挥正能量，增强对重大理论和现实问题的阐释力，在多元中确立主导，给思想政治理论课提出新的挑战。必须清醒地认识到社会思想意识更加多元多样多变，面对各种思潮和复杂的社会现象，如何运用马克思主义的立场观点方法在多样中求得共识，给思想政治理论课提出新的要求"。

2016 年 12 月，在全国高校思想政治工作会议上，习近平总书记强调，"要教育引导学生正确认识世界和中国发展大势，从我们党探索中国特色社会主义历史发展和伟大实践中，认识和把握人类社会发展的历史必然性，认识和把握中国特色社会主义的历史必然性，不断树立为共产主义远大理想和中国特色社会主义共同理想而奋斗的信念和信心；正确认识中国特色和国际比较，全面客观认识当代中国、看待外部世界；正确认识时代责任和历史使命，用中国梦激扬青春梦，为学生点亮理想的灯、照亮前行的路，激励学生自觉把个人的理想追求融入国家和民族的事业中，勇做走在时代前列的奋进者、开拓者；正确认识远大抱负和脚踏实地，珍惜韶华、脚踏实地，把远大抱负落实到实际行动中，让勤奋学习成为青春飞扬的动力，让增长本领成为青春搏击的能量"[1]。这是新的历史条件下对高校思

---

[1]　把思想政治工作贯穿教育教学全过程　开创我国高等教育事业发展新局面［N］.人民日报，2016-12-09（1）.

想政治理论课教学提出的要求与任务。在深入剖析不同历史时期高校思想政治理论课的目标与任务时，其核心精髓可凝练为两大"服务宗旨"：一是致力于促进大学生的全面发展与健康成长，二是紧密围绕并服务于党和国家的核心工作大局。这两大宗旨不仅深刻揭示了思想政治理论课的本质定位，也为其内容的构建提供了根本依据，同时为思想政治理论课建设体系的规划与发展指明了清晰的方向。

2017 年 5 月，教育部党组将 2017 年确立为"高校思想政治理论课教学质量年"，此举旨在深刻践行全国高校思想政治工作会议精髓，发起一场提升思想政治课质量与成效的攻坚行动，大力提升大学生对思想政治理论课的获得感。随后，教育部党组批准了《2017 年高校思想政治理论课教学质量年专项工作总体方案》，为这一目标的实现奠定了坚实基础。

2019 年 8 月，中共中央办公厅、国务院办公厅印发了《关于深化新时代学校思想政治理论课改革创新的若干意见》，并发出通知，要求各地区各部门结合实际认真贯彻落实。

2021 年 11 月，教育部印发了《高等学校思想政治理论课建设标准（2021 年本）》。该标准不仅增强了高校思想政治理论课教学的宏观调控力度，还细化了组织管理、教学管理、队伍管理及学科建设等方面的规范，为思想政治理论课的长远发展提供了明确的指导框架。

2024 年 7 月 21 日，第十五届全国艺术院校思想政治理论课教学研讨会在北京召开。艺术院校作为孕育高水平艺术人才的摇篮，承载着传承文化、引领风尚的历史使命，会议深入探讨艺术教育与思想政治教育的融合之道，为培养新时代艺术人才提供新思路。

（二）课程建设的特点

1. 呈现"与时俱进、协调创新"的特征

这一阶段的课程建设显著呈现出"与时俱进、协调创新"的鲜明特征。将习近平新时代中国特色社会主义思想纳入学科建设体系，不仅体现了马克思主义中国化的最新成果，也凸显了其在课程建设中的引领作用。同时，明确思政教育的培养目标与路径，以及依据文件规定开展思政课建设，彰显了课程体系在整体上的协调发展。然而，跨学科、跨领域的协调建设仍有待加强，特别是校园文化建设与思政课建设的相互融合与促进，需进一步探索与实践。

2. 课程体系进一步完善，师资力量进一步增强

随着《高等学校思想政治理论课建设标准（2021 年本）》的出台以及习近

平总书记系列重要讲话精神的指引，思政课建设逐步明确了核心指标、重要指标与基本指标，对教师的职业素养与教学能力提出了更高要求。这不仅体现了对思政课教师队伍的高度重视，也促进了思政课教学质量的整体提升。

3.课堂互动性增强

在教学方式上，这一阶段的思政课更加注重课堂的互动性与学生的参与度。教师开始尝试运用新媒体、大数据、人工智能等现代科技手段来丰富教学方法，满足学生的现实需求与个性化学习诉求。这种教学方式的转变不仅营造了更加活跃的课堂气氛，也激发了学生的学习兴趣与主动性，为思政课教学注入了新的活力。

第三节　高校思想政治理论课的主要任务

在高校教育体系中，思想政治理论课扮演着至关重要的角色，是思想政治教育工作的核心支柱。它的教学质量直接关系到高校思想政治教育工作的整体成效。因此，明确和界定这一课程的任务，对于保障高校思想政治教育的高质量实施具有决定性的意义。目前，高校思想政治理论课的主要任务集中在以下几个方面。

一、引领和教育高校学生坚定地推动中国之治

中国之治，凝聚着中国道路、中国制度、中国智慧、中国文化以及中国精神的独特力量，缔造了人类历史上前所未有的发展奇迹。在新时代背景下，我国正以前所未有的步伐迈向世界舞台的中央，展现出日益强大的国际影响力。

因此，在高校思想政治理论课的教授过程中，必须紧跟时代的步伐，深入学习并践行社会主义核心价值观。这不仅涉及培养具备"四有"品质的新一代人才，还包括深刻阐述"四个选择"①的逻辑基础。更进一步，将马克思主义的认识论、方法论与中国革命和建设的伟大实践相结合，开拓马克思主义中国化的新篇章，开辟马克思主义理论建设新境界，这一切都是为了支撑中国之治的理论逻辑，更为坚定中国之治的自信提供坚实的基础。

---

① 四个选择是指选择了中国共产党（没有共产党，就没有新中国）、选择了马克思主义（中国人民选择马克思主义，这是历史的必然）、选择了社会主义道路（中国社会经济政治状况不允许走资本主义道路）、选择了改革开放（没有改革开放，就没有中国的今天）。

二、引领和教育高校学生将个人价值与社会价值辩证统一

以高校思想政治教育的必修公共课为例。"思想道德与法治"课程着重引导学生树立正确的世界观、人生观和价值观，强化其理想信仰，激发其爱国情怀，实现个人价值与社会价值的和谐统一，并鼓励他们为共产主义事业奋斗终生。这门课程为学子描绘了目标蓝图，至于如何实现人生价值，则需要他们在其他三门必修课的深入学习中逐步找到答案。

通过学习高校思想政治理论课，学生可以从大量生动的教育案例中吸取宝贵的经验，这有助于他们完善自身的思想，寻求成功的规律和方法，对于他们走上正确的成长道路是非常有借鉴和帮助意义的。

在"马克思主义基本原理"课程中，马克思主义理论被深刻剖析并生动展现。正是在马克思主义的指引下，中国人民在中国共产党的坚强领导下，历经艰难险阻，最终赢得了民族的独立与解放，踏上了通往繁荣富强的光辉道路。

"毛泽东思想和中国特色社会主义理论体系概论"加深了高校学生对社会主义制度优越性的思考。此课程肩负着双重使命，既是知识的传播者，也是引领青年学生思想的灯塔，它引领学子在深思中汲取灵感，强化了他们的民族自豪感与归属感，使他们坚信中国共产党不仅铸就了辉煌的过去，还在当代茁壮成长，并将引领未来续写辉煌篇章。它激励学生持续自我提升，投身于中国特色社会主义的伟大实践。作为新时代的筑梦者，唯有将个人梦想融入国家发展大局，方能把握时代脉搏，书写属于自己的精彩人生。

三、引领和教育学生将习近平新时代中国特色社会主义思想作为成长进步的指南

习近平新时代中国特色社会主义思想，作为马克思主义中国化的最新理论成果，凝聚了新时代党的实践智慧，为新时代中国特色社会主义建设提供了根本遵循和行动指南。这一思想不仅是时代的灯塔，照亮着国家发展的方向，也是青年学生成长进步的宝贵财富，应当成为他们砥砺前行的指南针。

高校作为培养社会主义建设者和接班人的重要阵地，其思想政治理论课承担着将习近平新时代中国特色社会主义思想深入学生心灵、引导学生成长成才的重任。为了实现这一目标，高校必须采取切实有效的措施，推动这一思想进教材、进课堂、进学生头脑。

首先，进教材是基础。高校应组织专家学者，对习近平新时代中国特色社会主义思想进行深入研究和系统梳理，将其核心要义、精神实质和实践要求融入思

想政治理论课教材之中。这样，学生在学习中就能直接接触到这一思想的精髓，为后续的深入学习和理解打下坚实基础。

其次，进课堂是关键。教师应以教材为依托，结合学生的实际情况和时代特点，采用多样化的教学方法和手段，将习近平新时代中国特色社会主义思想生动、形象地呈现给学生。教师应通过课堂讲解、案例分析、小组讨论等形式，引导学生深入思考、积极讨论，帮助他们逐步领会这一思想的深刻内涵和重要意义。

最后，进学生头脑是目标。高校应通过多种途径和方式，如主题讲座、实践活动等，引导学生将习近平新时代中国特色社会主义思想内化于心、外化于行。鼓励学生将所学知识与实际生活相结合，用这一思想指导自己的言行举止，不断提升自己的思想道德素质和综合能力水平。

在此过程中，高校还应注重培养学生的实践能力和创新精神。例如，高校可以组织学生参与社会实践、志愿服务等活动，让他们在实践中深化对习近平新时代中国特色社会主义思想的理解，增强责任感和使命感。同时，高校应鼓励学生勇于探索、敢于创新，为新时代中国特色社会主义事业贡献自己的智慧和力量。

第四节　高校思想政治理论课的价值意蕴

一、宏观方面

（一）巩固社会主义办学方向的重要阵地

高校思想政治理论课是巩固社会主义办学方向的重要阵地。巩固马克思主义在我国意识形态领域的指导地位，培育和践行社会主义核心价值观，为社会主义培养合格的建设者和接班人，是坚持社会主义办学方向的最根本的要求，同时也是高校思想政治理论课的根本任务。

1.贯彻党的指导思想和教育方针

纵观新中国成立以来高校的思想政治教育史，高校思想政治理论课在党的教育方针指引下，培养了大批人才，积累了丰富的经验，成就巨大。最重要的成就是，马克思列宁主义、毛泽东思想、邓小平理论、"三个代表"重要思想、科学发展观、习近平新时代中国特色社会主义思想等基本理论进入教材、进入课堂，并在对广大学生发挥了重要理论指导作用的同时，获得不断丰富和发展。我国高校思想政治理论课在全面贯彻党的指导思想和教育方针的过程中不断创新发展。

党的指导思想，作为党的行为导向灯，不仅为党的全部事业和活动构建了理论基础，还是加强党的建设不可或缺的思想武器。中国共产党以马克思列宁主义、毛泽东思想、邓小平理论、"三个代表"重要思想、科学发展观、习近平新时代中国特色社会主义思想作为自己的行动指南。至于教育方针，则是根据社会政治、经济环境的变化和国家基本情况，由政党或国家制定的教育领域总指导策略，它是对教育政策全面而精炼的总结，指引着教育工作的方向。中国共产党始终高度重视教育，在不同时期对教育方针做出了基于形势特点和发展需要的重要论述。

总体来看，新中国成立以来的七十多年里，高校思想政治理论课的建设和改革，从马克思主义教育理论的高度，理解并贯彻党的教育方针，坚持社会主义的办学方向，课程的建设和改革与时俱进。

2. 巩固马克思主义在意识形态领域的指导地位

中共中央办公厅、国务院办公厅发布的《关于进一步加强和改进新形势下高校宣传思想工作的意见》，将意识形态工作提升至党和国家事业的核心高度，明确指出高校作为意识形态交锋的前沿堡垒，承担着举足轻重的使命。这一使命涵盖了深入研习、广泛传播马克思主义理论，积极培育并弘扬社会主义核心价值观，以及为推进中华民族伟大复兴的中国梦培养高素质人才与提供智力支撑。强化高校宣传思想工作，筑牢意识形态安全防线，不仅是关乎党的教育领导权、教育方针全面实施的基石工程，也是确保中国特色社会主义事业薪火相传、后继有人的关键举措。高校思想政治理论课对于巩固马克思主义在意识形态领域的指导地位，凝聚全党全国人民的共同信念与奋斗力量，具有不可估量的深远影响。

高校思想政治理论课是高校思想政治教育工作的主阵地。高校要把握思想政治理论课教学面临的客观形势，进一步加强课程建设和教学创新，巩固马克思主义在意识形态领域的指导地位。为此，首先要明确什么是坚持马克思主义指导地位。我国坚定不移地维护马克思主义在意识形态领域的核心指导地位，主要体现在以下三个方面。

一是思想政治层面。要牢固坚守社会主义阵地，既扎根于马克思主义基本原理的深厚土壤，又积极推动其与中国实际的深度融合，形成具有中国特色的马克思主义理论体系。

二是实践探索层面。要秉持马克思主义的鲜明立场、独特视角与科学方法，运用其科学世界观和方法论洞察世界、改造社会，致力于增进人民福祉，引领全体人民共同投身中国特色社会主义的伟大实践，矢志不渝地追求共同富裕的宏伟目标。

三是文化发展层面。要致力于繁荣我国先进文化，警惕并有效抵御反马克思主义思潮的侵蚀，以此强化马克思主义信仰的基石，凝聚社会共识，汇聚全国各族人民的力量，共同应对挑战，为实现中华民族伟大复兴的中国梦，即国家富强、民族振兴、人民幸福的愿景而不懈奋斗。

2016年，在庆祝中国共产党成立95周年大会上，习近平总书记指出："坚持不忘初心、继续前进，就要坚持中国特色社会主义道路自信、理论自信、制度自信、文化自信，坚持党的基本路线不动摇，不断把中国特色社会主义伟大事业推向前进。"①习近平总书记将坚持文化自信与坚持中国特色社会主义道路自信、理论自信、制度自信并论，提出了"四个自信"的要求，这是对中国特色社会主义理论体系的丰富和发展，是重大理论创新。增强"四个自信"是高校思想政治理论课坚持社会主义办学方向的内在要求和根本体现，主要表现在以下三个方面。

（1）拥护中国共产党的坚强领导

自信属于心理学研究的范畴。从其基本内涵来说，自信是一种积极的心理状态，即相信自己，把全部精力集中到所做的事情上和所追求的目标上，不因任何困难和干扰而停步、退缩。中国特色社会主义发展到今天，经济社会各项建设都取得了举世瞩目的成就，但也面临着严峻挑战，包括世界其他国家社会转型中出现的共性问题以及由我国基本国情和主要矛盾引发的特殊问题，既有发展的动力和机遇，也有发展的压力与挑战。

虽然前进道路上会出现许多新的问题和困难，但中国共产党人以与时代共命运、脚踏实地勇克难关的奋斗精神，在应对重大挑战、抵御重大风险、克服重大阻力、解决重大矛盾时，既胸怀理想又脚踏实地，勇于变革、勇于创新，永不僵化、永不停滞，必将实现中华民族伟大复兴的奋斗目标。

（2）坚定共产主义的远大理想以及马克思主义的科学信仰

2008年全球金融危机爆发后，在国际上出现"马克思主义的复兴"或者"马克思主义的回归"现象。但在国内，却出现了质疑马克思主义、淡化共产主义理想信念的论调，少数人出现了信仰迷茫、信念动摇的情况。"志不立，天下无可成之事。"理想信念动摇是最危险的动摇，理想信念滑坡是最危险的滑坡。"四个自信"的提出，表达了中国共产党人对马克思主义的坚定信仰、对社会主义和

---

① 习近平.在庆祝中国共产党成立95周年大会上的讲话［EB/OL］.（2016-07-01）［2024-09-18］. http://www.xinhuanet.com/politics/2016-07-01/c_1119150660.htm.

共产主义的坚定信念，对于坚定人们的信仰有着重要的作用。

（3）坚持全面深化改革，坚持创新发展、协调发展、绿色发展、开放发展和共享发展

改革的前进道路上存在各种干扰人们思想的不良主张。"四个自信"的提出，不仅稳固了中国特色社会主义的基石——指导思想、发展路径及社会制度的不可动摇性，也彰显了我国在改革征途上坚定不移的目标、方向与决心，有效澄清了外界对于改革路径的种种误解，消除了选择上的分歧，凝聚起全社会对于改革道路的广泛共识。

"四个自信"并不仅仅是意识形态层面的简单表述堆砌，它们深刻影响着中国未来发展轨迹与蓝图。这一理念根植于当代中国社会的实际土壤，是对时代变革与实践需求的积极回应，代表着重大而深远的理论创新。因此，高校思想政治理论课教学工作的核心任务之一，便是通过多维度、深层次的引导，激发学生坚持中国特色社会主义道路自信、理论自信及制度自信，同时坚持文化自信，以此确保高校始终沿着社会主义的正确方向稳健前行。

（二）落实立德树人根本任务的主渠道

高校思想政治理论课，作为贯彻党的教育方针、践行立德树人使命的核心途径，其重要性不言而喻。在德育工作中，需要坚守传承与创新的双重原则，将社会主义核心价值观深度融入教育的每一个阶段，尤其是将理想信念教育置于核心地位，致力于引导学生主动实践并内化这些价值观。为实现这一目标，需要构建一个涵盖课程德育渗透、社会实践体验、校园文化浸润的三维德育框架，确保德育贯穿于学校教育、家庭培育以及社会影响的全链条之中。同时，还应该积极探索高校思想政治理论课的创新教学模式，力求提升课程的吸引力和感染力，使教学更加贴近学生实际，增强教育的针对性和实效性。

1. 促进学生的全面发展来落实立德树人根本任务

人的全面发展是人类的崇高追求，是人的发展和社会发展的最高目标、最终价值取向。高校思想政治理论课坚持以学生为本，关注学生的全面发展、和谐发展、持续发展、终身发展和健康成长。

高校思想政治理论课在以德育为核心的基础上，积极引导学生认识到智育、体育、美育同等重要，倡导学生将文化知识的积累与道德情操的塑造并重，理论学习与社会实践并行不悖，同时兼顾个人全面发展与独特个性的展现。高校思想政治理论课专注于培养学生的社会责任感，激发他们的创新潜能，并强化其将理

论应用于实践的能力，以期实现学生综合素质的提升。这一教育理念旨在为社会输送一批批既德智体美劳全面发展，又能肩负起社会主义建设重任的接班人。

2. 培育学生的健全人格来落实立德树人根本任务

教育是塑造人的灵魂的伟大事业。高校思想政治理论课注重培养学生积极的心理品质和乐观向上的品格。这就要求教师多关注学生的内心世界，塑造学生纯真完美的心灵。

要加强对学生的情感关怀与心理健康引导，给予需要帮助的学生特别的关注与支持。融合显性教育与隐性教育之道，旨在让学生在学习知识的同时，心灵也能得到滋养与塑造，实现知识与人格的双重发展。此外，必须高度重视人文关怀的渗透，构建和谐的师生、生生关系，营造积极向上的校园文化氛围，为促进学生健全人格的形成奠定坚实基础。要激发学生的内在潜能与生命活力，将教育目标从单纯的知识传授提升至促进学生全面发展的教育高度。

3. 秉持人人成才的理念来落实立德树人根本任务

高校思想政治理论课教师要尊重教育规律和学生身心发展规律，将"让每个学生都能成为有用之才"作为自己的教育理想，在教学中注重因材施教和个性化培养，努力满足学生的个性需要和期望，促进学生主动地、生动活泼地发展，使不同家庭背景、不同知识基础、不同性格志向的学生都能充分发挥潜能，都能成才。

4. 加强立德树人与德育、素质教育的关系研究来落实立德树人根本任务

立德树人是新时代德育内容和目标的集中体现，而德育是素质教育的重要组成部分。思想政治理论课教师要牢固树立立德树人的理念，不断提高课程教学的针对性、实效性，引导学生树立正确的世界观、人生观、价值观，努力培养德智体美劳全面发展的社会主义合格建设者和可靠接班人。

二、微观方面

（一）保证人才培养正确的政治方向

1. 启迪政治认知

政治认知是融心理学、政治学、社会学等学科知识于一体的多学科概念。政治认知通常要经过认识政治现象、产生政治态度和形成政治判断三个阶段。高校思想政治理论课涵盖了中国政治体制、政党体制、政治制度、政治理论、政治权力运行机制等内容，教师要在教学中运用马克思主义理论、原则和方法阐释各类政治现象，使中国特色社会主义理论深深扎根在大学生的心中。

除直接教学外，高校思想政治理论课还巧妙地融入日常教育之中，通过润物无声的方式，引导学生与教师坚持正确的思想导向和树立坚定的政治信仰，确保他们在政治态度以及立场上与党和国家的精神同频共振。这一过程旨在以科学的理论力量启迪人心，促使师生用马克思主义基本原理指导自身的学习和实践活动。在师生政治认知形成过程中，高校思想政治理论课也发挥着"说服群众"的奠基性作用。通过高校思想政治理论课的教育工作，师生对政治的深层规律以及实质会有更深入的掌握和更加理性的判断。

2. 激发政治情感

情感是人类主观心灵与客观世界交互作用的产物，是人的内心对外部事物的一种深刻感受与态度表达。作为人类特有的心理现象，情感深远地影响着人们的心理活动、思维逻辑以及行为举止。情感的产生，始终伴随着人们的认知活动，是认知过程中不可或缺的情感元素。人们内心对事物的渴望与期待，以及这些渴望与期待能否被现实满足，共同决定了人们情感的样貌。于是，人们就有了愉悦时的欢畅、气愤时的激动、伤感时的惆怅、痛苦时的呻吟、恐惧时的颤抖以及郁闷时的沉默，这些都是情感在不同情境下的具体展现。

政治情感，作为政治主体在政治活动中的一种内在心理状态，源自对政治架构、政治体系、政治理论、政治权威、政治动态及政治领袖的深刻感悟与体验。这一过程紧密伴随着个人的政治认知发展，塑造出对各类政治对象的审美评价、喜好倾向、爱恨情绪以及亲疏关系的心理构建，展现出丰富多样的情感反应。[①]政治情感主要受到以下几方面影响。

第一，政治情感通常受主体既有认知、所处的政治环境、接触的政治信息的影响和干扰。大学生从小在学校教育、家庭教育和社会教育共同影响下所形成的世界观、人生观、价值观，以及自身政治知识储备都会对其政治情感产生根本性影响。

第二，大学生所处的政治环境是一个复杂且多维度的体系，从宏观的世界政治格局和国际政治局势，到微观的国内主流政治形态和民族政治态度，乃至更具体的地区政治风气、党团组织政治氛围以及家庭政治气氛，这些不同层面的因素都在不同程度上塑造和影响着大学生的政治情感。

第三，国际宣言、政府工作报告及报纸杂志、电视媒体、网络媒体上报道的

---

① 武芷湄.网络背景下大学生政治观实证研究［D］.桂林：广西师范大学，2012.

政治事件、政治人物、政治局势、政治观点也会影响大学生政治情感的形成。

第四，大学生的政治情感不仅源自个人的思考与观察，还深受其周围环境，如教师、同窗、亲属及友人的政治立场的影响。这种情感是基于对政治现象深刻理解后的心理反应，政治认知的深度直接影响着情感表达的强烈程度。反过来，政治情感又会作为一种动力，进一步塑造和深化个体对政治的认知框架。[①]

政治情感分为积极的政治情感和消极的政治情感。大学生爱国、爱党、爱社会主义，认同并支持国家大政、方针政策，对中国特色社会主义制度发展充满信心，能稳定而理性地表达自己的政治情感等，都是积极的政治情感。培养积极的政治情感，必然离不开对政治认知的深化与正确政治思想的引导。大学生正确政治认知和政治思想的形成既需要不断学习政治理论知识，又需要一支专业的思想政治教育队伍通过课堂教学、社会实践等形式，营造积极向上的氛围，让高校学生在自主、自愿的学习中塑造积极的政治情感。唯有这样，才能更好地培养大学生的政治情感，提高他们的政治觉悟，从而牢固树立他们的共产主义理想信念。

3. 坚定政治信念

在个体政治社会化的漫长旅程中，政治信念的形成无疑是一个复杂的环节。它不仅仅是简单地对政治学说、原则或思想的认知与接受，更是个体在深刻理解与情感共鸣的基础上，对这些政治要素所展现出的坚定信仰与执着追求。政治信念，作为政治认知、政治情感和政治意志的有机统一体，不仅塑造了个体的政治人格，更成为指引其行为取向、评判其行为价值的内在标尺。

对于大学生这一特殊群体而言，他们的政治信念不仅关乎个人的成长与发展，更承载着国家和民族的未来与希望。因此，高校思想政治理论课作为培育大学生政治信念的重要平台，其使命尤为艰巨。通过持续深入的社会主义核心价值观及主流意识形态的培育与教育，高校思政课旨在引导大学生形成全面而健康的政治认知，培养他们对政治现象的敏锐洞察力与深刻理解力；同时，激发他们深厚的政治情感，使他们对党、国家和社会产生强烈的归属感与责任感；更重要的是，锤炼他们的坚定的政治意志，使他们在面对各种政治挑战时能够保持清醒的头脑与坚定的立场；最终，促使他们形成积极的政治行为倾向，勇于担当、敢于实践，为社会主义建设事业贡献自己的力量。

4. 引导政治行为

在特定政治观念的指引下，政治主体所采取的一系列旨在达成具体政治目标

---

① 何跃丽.大学生政治情感培养研究［D］.开封：河南大学，2016.

的社会活动，构成了政治行为的本质。这些行为是主体意志与政治理想在现实世界中的实践体现。政治行为体现为政治学习、政治宣传、政治参与等外在形式，反映了政治主体特定的政治思想、政治立场、政治认知、政治态度、政治情感、政治信念。党的十九大报告指出："青年一代有理想、有本领、有担当，国家就有前途，民族就有希望。"作为社会的重要构成力量，大学生的政治行为表现及其形成的政治习惯，承载着国家未来的命运与民族振兴的深切期望。高校思想政治理论课教学的重要任务之一就是有效引导大学生政治行为健康发展。理直气壮讲好思想政治理论课，是有效引导大学生政治行为的主渠道。

在高校思想政治理论课中，教师深入发掘每门专业课程中蕴含的思想政治教育精髓，确保每门课程都能成为传播正能量的"责任田"。将"课程思政"融入专业课，可以共同构筑起引导大学生树立正确的政治观念和构建良好的政治行为模式的有效桥梁。高校要积极开展各种社会实践活动，引导大学生深入农村、社区第一线，从事社会调查、政策宣讲等政治实践活动，在实践中增长知识、深化认知，练就过硬的政治本领。

除此之外，高校应该积极推动大学生参与学校的民主管理，丰富他们的管理经验，这样不仅可以增强大学生的政治参与能力，还有助于大学生养成良好的政治行为模式。

（二）实现思想道德的价值引领

1.提升思想觉悟

思想政治素质作为人的全面发展的基石，在个体综合素质体系中占据着举足轻重的地位，它像一盏明灯，照亮着个人成长的道路，引领人们向着更加高远的目标迈进。而思想觉悟，则是思想政治素质中最为关键的一环，它体现了人们对世界、人生和价值的深刻洞察与理解。一个拥有较高思想觉悟的人，往往能够展现出求真务实、向善向美、积极向上的精神风貌，成为推动社会进步的重要力量。

高校作为培养社会主义建设者和接班人的摇篮，其思想政治理论课承载着引领青年学子构建正确世界观、人生观、价值观的重任。通过精心设计的课程内容和丰富多样的教学方法，高校思政课将世界观、人生观、价值观的教育巧妙地融入知识传授和实践活动之中，旨在引导学生深刻领会社会主义核心价值观的精髓，使其自觉提升思想觉悟，将个人的成长与国家的命运紧密相连。

同时，高校思政课还充分发挥着思想政治教育的价值引领作用。它教导学生将社会主义核心价值观内化于心、外化于行，使大学生在学习理论知识的过程中不断提高自身的思想政治素质和思想觉悟。这种内外兼修的教育方式，不仅促进了大学生的全面发展，还为他们的健康成长提供了坚实的思想保障。

2. 提高道德水准

高校思想政治理论课教学通过循循善诱的说理教育、躬行践履的实践教育、润物无声的心理疏导等教育方法，引发师生的情感共鸣，塑造师生对于道德标准的清晰认知，巩固他们的道德理性思维与道德行为模式的稳定性，提升师生自觉践行社会主义核心价值观的能力，使其养成求真向善的习惯，形成良好的道德品质，从而提高师生的思想道德水平。

3. 塑造健全人格

高校思想政治教育作为独特的精神驱动力，深刻影响着人的内在成长与自我超越，是构建和完善健全人格不可或缺的环节。它不仅是推动个性多元化发展的关键策略，也是评估思想政治教育效果的关键维度，彰显了其在促进个人全面发展方面的核心价值。

与之相对应，高校思想政治理论课教学的一项重要功能就是塑造青年大学生个体的健全人格，使其具备崇高的精神境界和健康的心理品质，先成长为一个身心健康的社会公民，再在身心健康基础上逐渐成长为改造物质世界和创造社会历史的社会主义建设者和接班人，勇担时代赋予的历史使命和社会责任。

（三）激发师生的精神动力

1. 激发师生的主体性动力

高校思想政治理论课教育，不仅是一门知识的传授，更是一次精神的觉醒与潜能的激发。它承载着唤醒个体内在潜能、增强精神动力的重要使命，旨在通过教育引导，激发受教育者的积极性、主动性以及蕴藏的无限创造力。

在这一过程中，高校思想政治理论课教学发挥着至关重要的作用。它不单单局限于书本知识的灌输，而是致力于培养和塑造全面发展的人。通过深入浅出的理论讲解、丰富多样的教学案例、生动活泼的课堂互动，思政课教师努力开发学生的潜能，拓宽他们的知识视野，丰富他们的思想内涵。

更为重要的是，高校思政课还注重强化学生的动机与意志。它引导学生明确自己的学习目标与人生追求，激发他们的内在驱动力，使他们在面对困难和挑战时能够坚持不懈、勇往直前。同时，通过讲述英雄人物的事迹、展示国家发展的辉煌成就，思政课进一步坚定了学生的信念与决心，使他们在追求梦想的道路上更加坚定和自信。

这种主体性动力的激发，对于师生双方而言都是至关重要的。对于教师而言，它激发了他们的教学热情与创新精神，使他们全身心投入教育事业中，不断探索新的教学方法与手段。对于学生而言，它则提高了他们认识世界和改造世界的能力，使他们能够更加积极主动地参与到社会实践中去，用自己的知识和智慧为社会的发展贡献自己的力量。

2. 激发师生群体的组织动力

个体的力量往往显得微不足道，且易于陷入内耗与冲突的漩涡中。要汇聚起众多个体的精神动能，使之相互激励、协同共进，就必须借助组织的力量作为纽带，凝聚共识，引导每一份独立的精神力量朝着共同目标迈进，最终汇聚成一股强大的集体精神动力。高校思想政治理论课教育具有凝聚力量的作用，可以紧密团结一切可以团结的力量，为完成共同的目标而努力奋斗。这种精神合力的产生，依赖于群体组织动力的形成。

高校思想政治理论课教学能调动师生的积极性、主动性和创造性，整合和凝聚群体组织动力，从而形成强大合力。因此，高校思想政治理论课在教育中具备独特的动员力量，它能够有效激发师生群体的内在动力，包括促进个人成长的内在动力、学科发展动力、教育教学动力，以及服务国家和社会进步的使命感，进而汇聚成一股强大的正能量，既促进人的全面发展，又推动教育事业的持续进步。

3. 激发师生投身于社会发展的实践动力

推动社会实践活动的精神动力，是更系统、更深入、更持久的精神动力。精神动力不仅激励着个人奋斗与进取，也深刻影响着群体协作与社会发展的步伐。将师生引领至中国特色社会主义建设的广阔舞台，这不仅是思想政治教育核心价值的体现，也是确保教育过程高效、深入展开的基础。

推进思想政治教育发展的真正动力是实践。反过来讲，思想政治理论课成为激发师生积极投身于社会实践并为其注入不竭精神动力的重要源泉。实践出真知，在人才培养过程中，所有理论知识的学习都必须经过实践才能转化为个人的本领和能力，高校思想政治理论课教学始终坚持实践育人理念，坚持教育与生产劳动相结合的教育方针，充分激发广大师生积极投身于社会发展的实践动力，为人的全面发展和中国特色社会主义建设做出独特的贡献。

第二章　高校思想政治理论课教学改革的时代要求

随着时代的变迁,高校思想政治理论课的改革面临着前所未有的挑战和机遇,这也对思想政治理论课的教学提出了新的要求。为了培养具有时代意识和创新精神的青年人才,高校必须紧跟时代步伐,不断深化教学改革,探索符合时代特征的教学方法和手段。这样的教学改革,旨在引导学生树立正确的世界观、人生观和价值观,为他们成为社会的栋梁之材奠定坚实的思想基础。本章围绕高校思想政治理论课教学改革的时代机遇、高校思想政治理论课教学改革的时代挑战、高校思想政治理论课教学改革的必要性和意义三个方面展开论述。

第一节　高校思想政治理论课教学改革的时代机遇

时代的发展给高校思想政治理论课教学改革带来了机遇,具体包括党和国家高度重视带来的机遇、社会快速发展带来的机遇、高等教育改革和发展带来的机遇、知识经济发展带来的机遇、"科教兴国战略""人才强国战略"带来的机遇、新媒体发展带来的机遇、人工智能发展带来的机遇。高校开展思想政治理论课教学改革要注意抓住时代机遇,把握发展契机,提高改革成效。

一、党和国家高度重视带来的机遇

(一)党和国家高度重视教育事业,重视人才培养

党和国家注重实施科教兴国战略、人才强国战略、创新驱动战略等,注重充分发挥人才的作用。新时代是知识经济的时代,也是人才竞争的时代。科教兴国战略、人才强国战略与创新驱动战略的提出,深刻反映了中国共产党对教育所处历史方位的科学把握,这为高校思想政治理论课教学改革提供了正确导向。当今世界各国的经济和科技竞争,是各国间综合国力的较量,归根到底是人才的竞争。

1995 年，中共中央、国务院颁布的《关于加速科学技术进步的决定》，首次正式提出在全国实施科教兴国战略。自此以后，我国不断深入实施科教兴国战略。

进入新时代，国际国内形势有了新变化，人才问题显得更加重要。2021 年，习近平总书记在中央人才工作会议上强调："必须坚持党管人才，坚持面向世界科技前沿、面向经济主战场、面向国家重大需求、面向人民生命健康，深入实施新时代人才强国战略，全方位培养、引进、用好人才，加快建设世界重要人才中心和创新高地，为 2035 年基本实现社会主义现代化提供人才支撑，为 2050 年全面建成社会主义现代化强国打好人才基础。"①新时代，随着经济全球化不断发展，科学技术突飞猛进，综合国力竞争日益激烈，人才资源成为国家竞争力的重要影响因素。当前我国人才培养过程中尚存在人才机构不太合理，人才管理体制、运行机制与市场经济体制不相适应等问题。

在新时代进一步实施人才强国战略、提升人才培养的质量和水平，具有重要性和必要性。新时代，要进一步全面推进社会主义经济建设、政治建设、文化建设、社会建设、生态文明建设等，就迫切需要培养更多适合时代发展要求的人才，迫切需要高校充分发挥在人才培养、科学研究、社会服务等方面的作用，不断推进教育发展、人才培养。高校必须高举中国特色社会主义伟大旗帜，坚持马克思主义在意识形态领域的指导地位，在内部形成更加强大的凝聚力，对社会形成更加广泛的影响力；必须发展社会主义先进文化，大力弘扬时代精神、爱国精神、科学精神、人文精神等，培育和践行社会主义核心价值观，充实和创新高校思想政治理论课教育内容，发挥高校思想政治理论课的教育引导作用。

（二）党和国家高度重视思想政治理论课建设

长期以来，党和国家对提升思想政治理论课的教学效果与质量给予了高度重视，不断颁布一系列旨在加强该课程教学的指导性文件。这些举措不仅聚焦于优化思想政治理论课的教学体系，还着重强化教师团队的构建，以及马克思主义学院与相关学科的深化发展。党和国家的持续重视，成为推动高校思想政治理论课革新与进步的强大驱动力，不仅增强了改革的整体合力，还促使思想政治理论课教学改革在多个维度持续深化。

进入新时代，党和国家更加重视思想政治理论课教学改革创新，同时也对高校思想政治理论课教学成果提出了更高的要求。2019 年 3 月，学校思想政治理论课教师座谈会隆重召开。在座谈会上，习近平总书记发表了意义深远的讲话，

---

① 深入实施新时代人才强国战略 加快建设世界重要人才中心和创新高地[N].人民日报,2021-09-29(1).

强调了党的领导对做好教育工作、思想政治工作的重要性，明确了高校思想政治理论课教师用习近平新时代中国特色社会主义思想铸魂育人、立德树人的新使命，确立了高校思想政治理论课的新要求，为新时代全面贯彻党的教育方针、办好思想政治理论课明确了工作任务。习近平总书记的重要讲话不仅为高校思想政治理论课教学改革的深化点亮了明灯，还确立了根本性的指导原则。新时代，党和国家进一步强调了高校思想政治理论课的重要地位，并且进一步提出了高校思想政治理论课教学改革的时代要求，这为高校思想政治理论课教学改革带来了时代机遇。

二、社会快速发展带来的机遇

新时代，我国社会发展进入了新的历史阶段，经济、政治、文化等各方面都取得了较大的进展，这为高校思想政治理论课教学改革提供了强大动力。改革开放带来的巨大成就具有说服力、感染力。改革开放四十多年来，我国经济、政治等各方面都取得了较快的发展。通过改革开放，我国更深入地融入国际社会之中。在与国际社会联系紧密的同时，我国积极利用国际社会发展的有利条件，不断加强自身的改革创新，不断推动社会向前发展，在多方面取得了较大的成就。通过改革开放，我国利用经济全球化提供的良好外部环境积极参与到世界经济贸易的竞争与合作中。

我国改革开放四十多年的发展历史证明，改革开放是决定当代中国命运的关键抉择，是坚持和发展中国特色社会主义、实现中华民族伟大复兴的必由之路。我国改革开放的巨大成就增强了思想政治教育内容的说服力和感染力，对坚定大学生的理想与信念会产生极大的促进作用。同时，我国改革开放的巨大成就也带来了安定团结的政治局面，这为高校思想政治理论课教学改革提供了和谐稳定的环境。另外，新时代要求进一步全面深化改革。我国的改革开放是全面的、全方位的改革开放，是顺应了时代发展潮流的改革开放，这为高校思想政治理论课教学改革提供了强大动力。在中国共产党成立100周年之际，我国已成功实现全面建成小康社会的宏伟目标，这一壮举不仅彰显了中国特色社会主义制度的显著优势与蓬勃活力，也为深化思想政治教育及高校思想政治理论课教学改革构筑了坚实的物质基础与和谐稳定的政治生态，为教育事业的发展注入了强大动力。

三、高等教育改革和发展带来的机遇

当前，我国高等教育改革已全面铺开，呈现出两大鲜明特征：一是高校招生规模显著扩大;二是改革步伐显著加快,旨在推动高等教育模式向与社会主义市场经济体制更为契合的方向转型。具体而言,高等教育改革涵盖了五个核心方面:一是深化高等教育管理体制改革,以优化教育资源配置;二是推进高等学校内部管理体制与机制的革新;三是对高等教育成本分担机制进行改革,并持续推进高校毕业生就业制度的完善;四是高考改革正致力于促进综合教育的全面发展;五是高校在后勤社会化改革方面取得了显著成就。

高等教育改革与发展为高校教学改革,尤其是高校思想政治理论课教学改革,带来了前所未有的历史性机遇。在改革与发展的进程中,我国高等教育始终需围绕两大战略性议题进行深入思考:一是"建设何种特色大学及如何建设",二是"培养何种人才及如何培养"。步入新时代,各高校不断深化教学改革,坚守"立德树人、育人为本"的核心理念,将培育高素质、高层次、富有创新精神的人才以及德智体美劳全面发展的复合型人才作为根本使命。在此背景下,高校思想政治理论课发挥着举足轻重的作用。近年来,马克思主义理论研究和建设工程的深入实施,不仅巩固了马克思主义在意识形态领域的指导地位,还满足了社会主义现代化建设的需求,为加强党的理论建设和保持党的先进性提供了有力支撑。

在新时代背景下,马克思主义理论研究和建设工程紧密结合国内外形势,立足实际,加强了对马克思主义经典著作的深入剖析与研究。该工程明确界定了哪些马克思主义基本原理需长期坚持,哪些需结合新实际进行丰富与发展,哪些本本主义式理解应予摒弃,哪些借用马克思主义名义的不正确观点应予澄清。同时,该工程逐步构建了与时俱进的马克思主义理论学科体系,并编写、出版了一系列反映毛泽东思想、邓小平理论、"三个代表"重要思想、科学发展观以及习近平新时代中国特色社会主义思想的哲学、政治学、社会学、法学、史学、新闻学、文学等哲学社会科学重点教材。这为高校思想政治理论课教学改革提供了难得的历史契机。

为更好地满足人才培养的需求,我国高等教育持续深化改革。高等教育改革涉及高校教育管理的各个环节与要素,包括教育管理体制与机制、学科专业设置、培养门类分级以及招生就业定位等。随着我国高校招生规模的持续扩大,高等教育改革势在必行。21世纪初,我国启动了新一轮教育课程改革。高等教育改革的根本目的在于推动高等教育办学模式向适应社会主义市场经济体制的方向转变,以满足新时代对高等教育人才培养的新要求。新时代的高等教育改革主要体现在以下四个方面,并已取得显著成效。

（一）深化高等教育管理体制改革

在高等教育改革过程中，通过教育管理体制改革来优化教育资源配置，对于我国高等教育事业的发展具有深远的战略意义。中央和省级政府两级管理、以省级政府管理为主的高等教育管理新体制逐步形成。新体制调动了地方政府和社会发展高等教育的积极性，密切了高校与区域经济社会发展的联系。同时，在高校管理体制上扩大学校的自主权，允许学校在完成主管部门下达的计划并保证学校教学、生活条件的前提下，走联合办学的道路，多渠道筹集资金。同时，学校在聘任和晋升人员方面也有了更多的自主权。

（二）深化高校内部管理体制和机制改革

目前，各高校在遵循"转换机制、优化结构、增强活力、提高效益"的原则下，不断转变职能，改革学校内部管理模式，改革和调整学校教学、科研管理的组织方式，深化人事制度改革，并逐步建立适合教师特点的分配制度、激励机制和约束机制。高校内部管理体制和机制的科学改革有利于提升高校的办学效率。

（三）深化高校毕业生就业制度改革

高校毕业生就业制度改革促进了毕业生就业的积极性，提高了就业质量。在毕业生就业过程中，用人单位与毕业生进行"双向选择"，从而逐步建立起市场导向、政府调控、学校推荐、毕业生和用人单位双向选择的毕业生就业体制和机制。

（四）深化高校后勤社会化改革

近年来，高校不断深化后勤社会化改革。后勤社会化改革改善了高校后勤保障条件，突出了高校学生社区的育人作用，推动了高等教育办学模式与办学观念的转变，促进了高等教育的可持续发展。高等教育改革和发展为高校教学和改革，特别是高校思想政治理论课教学改革提供了历史性机遇。

四、知识经济发展带来的机遇

知识经济，这一以知识为基石的新型经济形态，正以其旺盛的生命力崭露头角。与我们所熟知的农业经济、工业经济不同，它代表着一种全新的经济发展阶段。在这里，"知识"的含义被极大地拓展了，不仅涵盖事实与原理，更延伸到操作技能与社会关系的认知。简而言之，它关乎我们如何理解世界、改造世界，并在此过程中不断优化我们的管理智慧与实践能力。显然，创新是驱动知识经济不断发展的核心动力，而教育、文化等产业则扮演着引领者的角色。在这一过程中，那些既拥有深厚知识底蕴又具备高素质的人力资源，无疑成了最为宝贵的资产。

众多学者对"知识经济"的理念进行了深入的探讨。英国哲学家弗朗西斯·培根曾指出，知识与权力相辅相成，对自然的认知与掌控需以服从自然法则为前提。这意味着，知识不仅是我们认识与利用自然的工具，更是我们完善自我、治理社会的重要武器。马克思则进一步阐释了知识如何转化为生产力，并深刻影响着社会生活的方方面面。而约瑟夫·熊彼特与约翰·奈斯比特等经济学家，也从不同角度强调了知识在推动经济发展中的核心作用。

改革开放以来，我国领导人也对知识经济的重要性给予了高度关注。邓小平同志提出的"科学技术是第一生产力"的论断，至今仍具有深远的指导意义。习近平总书记在多个场合强调，要尊重知识、尊重人才，充分发挥知识分子在社会发展中的重要作用。

在知识经济时代，知识、技术与经济的融合达到了前所未有的深度。科技成为核心，人才成为关键，而教育则是这一切的基石。面对这样的时代特征，高校作为培养未来人才的摇篮，必须不断进行教学改革与创新，以更好地适应社会发展的需求。这不仅包括教学模式与方法的革新，更涉及教育理念与人才培养目标的重构。

当前，高校思想政治理论课教学正面临着前所未有的机遇与挑战。一方面，知识经济的快速发展为高校提供了丰富的教学资源与手段；另一方面，社会对人才需求的转变也对高校教学提出了更高的要求。因此，高校必须积极吸收先进的教育理念，推动教学改革与人才培养模式的创新，以更好地满足时代发展的需求。

在新时代，青年学子享受着更加公平、优质的高等教育资源。这不仅为他们的成长和发展提供了更好的条件，也为高校思想政治理论课教学的改革与发展注入了新的活力。为了适应知识经济时代的要求，高校应不断吸收和借鉴先进的教育理念，持续推动教学模式的改革和创新。只有通过知识的持续创新、思想的与时俱进和科技的不断发展，我们才能满足知识经济时代对高校思想政治理论课教学的更高要求，引领教育走向更加现代化、大众化的新境界。

五、"科教兴国战略""人才强国战略"带来的机遇

当今世界国与国之间的竞争，归根结底是人才的竞争，而且是全球领域的人才竞争。人才是衡量一个国家综合国力的重要指标。

2013年9月，习近平在联合国"教育第一"全球倡议行动一周年纪念活动上发表视频贺词，他指出："中国将坚定实施科教兴国战略，始终把教育摆在优

先发展的战略位置，不断扩大投入，努力发展全民教育、终身教育，建设学习型社会，努力让每个孩子享有受教育的机会，努力让 13 亿人民享有更好更公平的教育，获得发展自身、奉献社会、造福人民的能力。"①

国家的强盛，归根到底需要依靠人才。我们比历史上任何时期都更接近完成中华民族伟大复兴的宏伟目标，我们也比历史上任何时期都更加渴求人才。如果没有一支庞大的高素质人才队伍，中华民族伟大复兴的中国梦就很难顺利实现。这些都深刻反映出人才对于民族振兴、国家富强有着重大的现实意义和深远的历史意义。人才资源作为经济社会发展第一资源的特征和作用更加凸显，人才竞争已经成为综合国力竞争的核心。

新时代，越来越多的国人拥有留学的机会，而且很多人才在学有所成之后回到祖国工作。2013 年，习近平在欧美同学会成立 100 周年庆祝大会上发表了重要讲话并强调："党和国家将按照支持留学、鼓励回国、来去自由、发挥作用的方针，把做好留学人员工作作为实施科教兴国战略和人才强国战略的重要任务，……使留学人员回到祖国有用武之地，留在国外有报国之门。我们热诚欢迎更多留学人员回国工作、为国服务。"②"聚天下英才而用之"，如今，人才强国战略的实施已经进入了全面发展的新阶段。

因此，高校应当贯彻科教兴国战略和人才强国战略，在扭转教育理念、进一步进行教学改革的时候，还需要在人才培育方面满足"培养什么样的人"这一基本诉求。我国高校思想政治理论课所发挥的巨大作用日益凸显，这与其双重作用——理论教育作用和思想政治教育作用有着密切的联系。

六、新媒体发展带来的机遇

（一）促进了教学空间的拓展

随着信息技术的迅猛进步和新媒体应用的持续更新，互联网已经变得日益重要，它不仅是信息传播的关键平台，也是新媒体健康发展的基石。如今，新媒体技术受到了社会各界的热烈关注并得到了广泛应用。特别值得一提的是，在高校思想政治理论课教学中，新媒体技术的引入已经取得了显著成效。

传统的高校思想政治理论课往往在特定的时间和地点进行，这使得教学时间和空间受到了一定的限制。然而，新媒体的崛起打破了这一束缚，让教学不再受

① 习近平.中国将努力发展全民教育、终身教育［EB/OL］.（2013-09-26）［2024-09-18］.http://jhsjk.people.cn/article/23047817.
② 习近平.在欧美同学会成立 100 周年庆祝大会上的讲话［N］.人民日报，2013-10-22（2）.

时间和空间的限制。学生可以在任何时间、任何地点通过新媒体获取思想政治理论课的相关信息，这极大地提升了他们自主学习的意识和能力。

新媒体不仅丰富了教师的教学资源，还使得思想政治理论课教学能够更好地融入社会环境，帮助学生更好地理解和掌握知识。创新教学方式和内容，能够让教学更加贴近时代潮流，显著增强教学的实效性。

（二）促进了教学素材的创新

科技的飞速发展带动了知识总量的迅猛增长和信息知识的快速更新。传统的高校思想政治理论课教学模式和内容已经难以满足现代社会的实际需求。因此，我们需要借助新媒体的力量，丰富教学素材，帮助师生快速了解并掌握最新的教学素材。

新媒体的优势和特点对传统的教学模式提出了挑战，同时也为教师创新教学模式提供了新的机遇。新媒体可以提供海量的信息资源，且时效性强。教师可以通过新媒体随时随地查找与思想政治理论课相关的教学素材，及时更新教学内容，并将其与社会热点紧密联系起来。这不仅能提升学生学习思想政治理论课的积极性和主动性，还能引导他们将所学知识内化于心，深刻认识到思想政治理论课的重要性。

（三）促进了高校学生学习主动性的提升

随着时代的快速发展和新媒体的普及，网络已经成为现代高校学生生活中不可或缺的一部分。无论是在图书馆、教室还是宿舍，学生都能轻松上网。近年来，无线网络的广泛覆盖更是让学生可以随时随地使用智能手机联网互动。

高校思想政治理论课的现实性和开放性特点为网络媒体资源在教学中的应用提供了良好的基础和条件。新媒体时代资源的丰富性为学生提供了更多的学习资源选择途径。学生可以根据自身的实际需求自由选择学习资源和学习方式，这无疑为思想政治理论课教学注入了新的活力，进一步提升了学生的学习主动性和思想政治理论课的实效性。

七、人工智能发展带来的机遇

在人工智能时代，高校思想政治理论课教学面临着多方面的转变，也迎来了难得的发展机遇。

（一）拓展了高校思想政治理论课的教学空间

人工智能逐渐融入高校思想政治理论课的教学实践，这一先进技术不仅为教学提供了有力的辅助，更推动了课程本身的界限突破。无论是在虚拟与现实之间，还是在线上与线下之间，人工智能都助力思想政治理论课实现了前所未有的跨越。它不仅拓展了教学空间，开辟了新媒体阵地，更进一步增强了课程的开放性和延续性。通过大学生喜闻乐见的文字、图像、视频等多种形式，教育内容得以更形象、更直观地传递。原本抽象的概念和思想，在新媒体的转化下，以声音、图像等立体化方式传播，使得交流不再局限于"面对面"，而是延伸到了"键对键"，从而大大拓宽了教育的受众范围。

借助人工智能技术，高校思想政治理论课教师能够更主动地传播信息，摆脱时间和空间的束缚，进而提升教育的吸引力。人工智能平台所蕴含的海量信息，经过高效提炼，有效拓展了传统思想政治教育的渠道。更重要的是，人工智能技术打破了传统媒介的限制，实现了师生之间的跨时空互动交流。这不仅能够引导大学生正确对待社会热点问题，更能切实提高思想政治理论课教学的实效性。同时，通过精准、快速地嵌入所需信息，人工智能技术使传统的抽象价值观念教育变得具体化、生动化，有助于提升大学生思想政治教育的质量。此外，它还促进了师生之间的及时互动和平等交流，实现了教学内容与学习反馈的双向互动。

（二）丰富了高校思想政治理论课的教学内容

在人工智能的环境下，教师不再受国籍和时空的限制，能够轻松获取所需的教育资源。这不仅加快了教育资源的共享速度，扩大了共享范围，还为教师提供了一个与世界各地的同行进行讨论和交流的平台。人工智能显著提升了思想政治教育信息交流的开放性和共享性。与传统的思想政治教育传播方法相比，人工智能不仅使教学内容更加丰富多彩，还大大加快了教育信息的传播速度，提高了信息的及时性和开放性。

（三）优化了高校思想政治理论课的教学模式

传统的高校思想政治理论课教学模式倾向于教师单向灌输，严格遵循教材内容进行教学。这种模式未能有效激发大学生的求知欲和创新潜能，也未能充分释放大学生作为学习主体的能动性和创造性。在人工智能环境下，教师通过对人工智能技术的有效应用激活课堂的气氛；大学生利用人工智能技术收集到更多的与思想政治相关的知识，不再拘泥于传统的书本理论，可以随时随地通过人工智能平台接受思想政治教育，并借助人工智能平台和教师随时互动，拥有更多机会表达自身的想法和认识。可以说，人工智能不仅满足学生的多样化学习需求，还可以大大减轻教师的工作压力。

（四）提高了高校思想政治理论课中大学生的主体地位

传统的高校思想政治理论课的课堂教学以教师为主导，大学生处于被动位置，不利于激发学生对思想政治理论课的兴趣，这必然会对学习效果产生一定的不良影响。

在人工智能技术赋能的教育新生态中，信息的海量化与即时传播特性，促使人们巧妙地将深厚的理论基础与社会热点议题相融合，为高校思想政治理论课的课堂注入了活力。这一创新教学模式，不仅满足了学生的学习需求，实现了教学个性化的精准匹配，还显著提升了学生在课程中的主体地位，激发了学生主动探索的热情。借助人工智能平台，大学生能自如地遨游于知识的海洋中，即时捕捉社会前沿动态，不断拓展认知边界。在此背景下，高校思想政治理论课的内容边界被无限拓宽，学生得以依据个人兴趣自由探索，享受学习的乐趣，课堂氛围因此变得更加活跃与包容。教师则需紧跟时代步伐，不断更新思想政治理论课素材，为学生搭建起信息丰富的资源库，促进资源共享，从而在潜移默化中强化学生的自主学习能力，培养其积极向上的思想政治观念。

（五）提升了高校思想政治理论课教学的实效性

高校思想政治教育对象和内容的特殊性，使得教育过程不仅仅局限于简单的知识传授与学习，而是转化为教育者与受教育者之间基于主流意识形态的深入交流。这一过程本质上具有动态生成与创造的特征，要求教育者不仅要传递信息，还要善于在互动中捕捉灵感，对即时出现的问题进行深度剖析与灵活应对。为保持教育的鲜活性与针对性，教育者需不断调整教学策略、内容编排及教育节奏。人机协同不是通过智能助教系统帮助教育者收集资料或完成部分简单枯燥的常规任务，而是试图"在一个智能系统中融合机器智能与人类智能"，从而使复杂问题得到有效解决。

例如，混合现实教学系统 Lumilo，通过给教育者提供的智能眼镜，不断地将受教育者的信息提供给教育者，使其掌握与受教育者交互中的各种情况，从而能对教育活动进行即时调控。这无疑为教育者及时发现教育过程中受教育者可能存在的困惑、认识上遇到的难题并进行实时指导、解决，以及灵活调整教育内容、方式与节奏创造了条件，为高校思想政治理论课教学改革带来了时代机遇，提升了思想政治理论课教学的实效性。

第二节　高校思想政治理论课教学改革的时代挑战

机遇与挑战往往如影随形、共同存在。在挑战面前，要学会临危不乱，用辩证的思维、辩证的眼光、辩证的措施对问题进行合理的分析，积极主动采取各种有效的举措，不断推进高校思想政治理论课教学改革，切实提高思想政治理论课教学的实效性。

一、经济全球化带来的挑战

（一）马克思主义在意识形态领域的指导地位被削弱

在经济全球化的时代背景下，东西方之间的交流不仅限于经济、技术方面的合作与文化互动，更涉及两种社会制度的深层碰撞。置身于这一浪潮之中，我们发现马克思主义在意识形态领域的引导力正在受到挑战，其指导地位呈现出弱化的趋势。具体来说，这种削弱主要体现在以下两方面。

首先，经济全球化对大学生思想中初步成型的马克思主义主流意识形态构成了冲击。随着中国与世界的联系日益紧密，高校思想政治理论课也加强了与境外机构的合作。一些大学生通过这些交流与合作，领略到了经济全球化所带来的机遇，从而在思想和行动上更加开放地接纳了经济全球化的观念。然而，这一过程也伴随着资本主义意识形态的悄然渗透，对大学生头脑中马克思主义的主流地位构成了威胁。

其次，在经济全球化的大背景下，信息传递呈现出强烈的政治和文化属性。西方发达国家通过传播多元化的政治、文化和经济信息，试图对中国的主流意识形态进行渗透。在新时代的信息战场上，中国的主流意识形态正面临着前所未有的挑战。尽管我们努力通过多种途径宣扬自己的价值观，但在信息的数量、质量和传播效率方面，我们仍需努力提升。与西方国家相比，我们在信息传播的策略和手段上显得较为单一和落后，这无疑影响了中国声音在全球舞台上的传播力度和影响力。

（二）社会主义思想道德受到侵蚀

虽然经济全球化使得大学生思想越来越开放。一些大学生缺乏社会经验，批判鉴别能力较弱，受到西方国家的不良思潮的影响后，容易迷失其中，社会主义思想道德受到侵蚀。

（三）民族精神和爱国主义情感被淡化

经济全球化进程如同一把"双刃剑"，它在为发展中国家带来发展机遇的同时，也使其面临来自发达国家经济强权的潜在威胁。从深层次看，这一过程对于发展中国家而言，更像是一段布满荆棘的道路，每一步前行都伴随着困难，见证了其在经济全球化大潮中成长的历程。

在经济全球化持续深化的过程中，西方资本主义国家意识形态对大学生价值观念的培养带来了负面影响。享乐主义、利己主义等诸多价值观的涌现，淡化了某些大学生的集体观念，从而淡化了他们的民族精神和爱国主义情感。

（四）思想政治理论课的教学目的受到影响

从高校思想政治理论课的发展历程来看，这门课程起源于战争年代，在社会主义建设中不断壮大，如今更是在经济全球化与社会主义市场经济的大背景下不断发展。

高校思想政治理论课的核心教学目的是培育出能够肩负起社会主义事业重任的接班人。我国的思想政治教育始终坚守着鲜明的政治与思想导向，首要任务便是引导学生确立为中国特色社会主义事业奋斗终身的政治方向。除了要求学生具备一定的专业能力外，更加强调他们应具备深厚的政治思想底蕴和坚定的政治立场。然而，随着经济全球化浪潮的推进，高校教育模式也随之变革，不同成长背景下的学生自然形成了各异的学习动机，这无疑为新时代下高校思想政治理论课的教学改革带来了不小的挑战。

为了在经济全球化和市场化的新形势下，能够不断开拓创新思想政治理论课的教学局面，并帮助学生消除"思想政治工作在市场经济中失效"的疑虑，我们必须首先明确这门课程的教学目标。这就要求高校在对待思想政治理论课教学目的的问题上，既要解放思想，又要实事求是，重新审视并深刻理解"思想政治理论课的本质是什么，其教学目的又是什么"这一根本性问题。实际上，思想政治理论课的教学目的是一个具有多层次内涵的概念，它针对不同学院、不同学生群体提出了差异化的要求。因此，我们有必要将课程的政治功能层次与思想教育功能层次加以区分。

具体而言，高校思想政治理论课的政治功能，在于向学生传达特定的政治思想意识，激发他们的政治参与热情，引导他们坚守政治立场，进而提升政治敏锐性和参与能力，培养他们为祖国和正义事业奋斗的崇高意识。而思想教育功能则需在一定的机制基础上展开，发挥其引导、促进和保障的作用。进一步来说，高校思想政治理论课的教学目的可以细分为三个递进的层次：首先是培养学生的爱国情怀，其次是引导学生热爱社会主义，最后是教育学生拥护中国共产党。针对不同学生群体实施侧重点不同的教育内容，将有助于更全面地实现思想政治理论课的教学目的。

（五）社会主义核心价值观的培育和践行受到挑战

社会主义核心价值观作为社会主义意识形态的核心表达，不仅构筑了精神领域的坚固基石，更是指引中国特色社会主义航向的决定性灯塔。高等教育体系中的思想政治理论课，正是通过向青年学子传授全面而深刻的马克思主义理论及思想政治教育，激发他们自觉将社会主义核心价值观内化于心、外化于行。

在经济全球化的进程中，各种各样的价值体系、思想文化以及社会意识形态都可以借助经济全球化这个平台进行全球传播。在经济全球化这个大环境下，各种意识形态在对立和差异中共同存在、交融，虽然有助于我国主流意识形态吸收健康的养分，有助于大学生群体开拓视野，增强高校的思想政治理论课教学效果，但是西方发达国家经常采取经济合作、贸易往来、技术转让等诸多方式对社会主义国家灌输政治经济制度和价值观念，这些都不利于社会主义核心价值观的培育和践行。

二、网络化带来的挑战

随着网络的迅猛发展和广泛普及，信息传播渠道与方式日趋多样化。互联网信息海量且表达个性化，深受大学生群体的喜爱，进而对其价值观塑造产生了深远影响。在新时代背景下，信息网络化既为高校思想政治理论课带来了发展机遇，也给其带来了一系列挑战。它所带来的挑战主要体现为以下几个方面。

（一）网络信息多样化带来的挑战

网络信息纷繁复杂，正面信息与负面信息、真实信息与虚构信息交织在一起。西方国家利用网络的广泛覆盖，向大学生渗透其意识形态和价值观念。这种多样化的信息环境对我国高校思想政治理论课教学改革构成了冲击，增加了教学改革的难度。

（二）网络的虚拟性、隐蔽性带来的挑战

网络虽然为大学生提供了诸多便利，但其虚拟性和隐蔽性也带来了不小的挑战。如果大学生过度沉迷于虚拟网络世界，可能会对他们的生活和学习造成负面影响。同时，网络上充斥着各种负面信息，对于辨别能力较弱的大学生来说，这

无疑是一个巨大的潜在危害，可能阻碍他们形成正确的道德观念。

（三）网络的自由性带来的挑战

网络的自由性使得每个人都可以轻松地获取自己感兴趣的信息，这在一定程度上削弱了传统教育模式中教育者的天然权威性。在互联网时代，学生对教师的依赖程度有所降低，这就要求教育者必须保持终身学习的态度，不断更新自己的知识体系。教师仅仅依靠书本上的知识已经难以对青年群体产生说服力，这无疑对高校思想政治理论课教学提出了新的挑战。

（四）网络的平等性和开放性带来的挑战

网络具有平等性和开放性的显著特点，这改变了传统教育模式中教育者与受教育者的关系格局，使他们之间的关系趋向于平等。网络作为一个开放的信息资源平台，为学生的学习活动提供了更多可能性和便利性。同时，对于高校思想政治教育者来说，网络也丰富了他们的教育信息资源库，有助于其充实教学内容。然而，这种平等和开放的环境也对教育者提出了更高的要求，需要他们不断创新教学方式以应对新的挑战。

网络具有极强的开放性，教育者可以快速获取各种教育资源，可以节省大量时间，从而提高工作效率，节省思想政治教育的时间成本与人力成本。在课堂以外的时间，受教育者同样可以通过网络获取大量信息，可以查阅和浏览各种教育资料，以此实现更好的自我学习，从而提升学习效率。网络社交使网络的无边界性打破了大学校园的空间概念。师生即便身处校内，也可以十分便捷地与外界进行思想的交流与碰撞。更为重要的是，网络条件下，传播层级的消解有利于削弱意见领袖的权威。具体到大学校园，则体现为知识权威、学术权威、行政权威等各方面权威的削弱。

总的来说，一方面，大学生思想政治教育者利用互联网平台可以有目的、有组织地营造出思想政治教育氛围；另一方面，网络提供了广泛而复杂的信息资源。二者交织在一起，但是教育者只能掌握海量信息中的很少一部分信息，在时效性方面没有较大优势，这样其主体地位可能会被削弱甚至被代替。思想政治教育者在大学生思想成长过程中的主导地位因此受到冲击。

（五）教学质量难以快速提升

开展高校思想政治教育的目的是在实际生活中影响大学生的思想和行为，也就是必须保证教学的效果，因此必须在教育实践中不断提升教育的说服力和感染力。高校思想政治理论课是思想政治教育实施的主渠道，党和政府历来都非常重视。与网络快捷、方便、灵活的特点相比，高校思想政治理论课每周有限的课时、相对固定的教学内容等，在快速提升教学质量方面都不占优势。网络环境中充斥着大量复杂的信息资源，在这种冲击下高校思想政治教育者必须不断提升教学质量，切实有效地引导大学生树立正确的世界观、人生观、价值观，促使他们自由而全面地发展。

三、社会主义市场经济带来的挑战

随着我国经济社会的持续、有序、健康发展，经济体制改革在推动社会进步中扮演了举足轻重的角色。从计划经济体制向社会主义市场经济体制的转变，不仅代表了社会生活方式和社会结构的深刻变革，更意味着从原本相对单一、同质的社会模式向多元化、异质化的社会模式的演进。这一转变在精神领域引发了深远的变革，并随之带来了观念的冲突与碰撞。因此，推进社会主义市场经济体制的完善与经济发展方式的转变，已成为高校思想政治理论课教学改革面临的重要挑战。

具体来说，这些挑战主要表现在以下几个方面。

一是集体主义观念及其原则在市场经济环境下面临严峻挑战。社会主义与集体主义紧密相连，因此在思想政治理论课中，强化大学生的集体主义思想教育显得尤为重要。

二是在市场经济的影响下，个人利益日益凸显。在这种环境下，一些大学生更加关注如何在毕业后提升自身的竞争力，他们往往更倾向于专业技能的发展，而忽视了思想道德修养的提升。他们更注重实用性，却忽视了自身道德修养的培养，对于他人、社会和国家也缺乏应有的使命感和责任感。这无疑对高校思想政治理论课教学改革所倡导的"三观"、社会主义核心价值观以及法治观构成了不小的挑战。

此外，在改革开放四十多年的进程中，尽管党始终坚持以马克思主义为指导地位，但改革也使得我国社会的利益关系呈现出新的特点。在这个过程中，各个群体都有自己的利益诉求，同时伴随着各种价值观念和社会思潮的交融，展现出多样化、多元化和多变性的趋势。

四、社会转型带来的挑战

社会的演变对思想政治理论课教学具有深远的影响。从社会学的视角来看，社会转型实质上是社会结构的重塑。因此，高校思想政治理论课教学的现代化转型，并不仅仅是内容与方法的更新，而是一场结构性的变革。

自改革开放以来，我们在高校思想政治教育方面取得了显著的成果。然而，这一系列成果仍未能满足社会对思想政治理论课教学的期待。长期以来，高校的这门课程未能充分融入社会的迅猛发展中，面对新兴的社会议题时，常显应对不足，这主要源于其转型的步伐相对滞后。为此，高校思想政治理论课急需自我驱动，加快从传统模式向现代模式的转变，以便能跟上社会发展的节奏。从更宏观的社会层面来看，这一转型不仅代表着教育领域的自我革新，更是中国实现现代化的关键一环。

社会转型意味着社会结构的调整，而思想政治理论课教学的现代转型，同样代表着思想政治教育结构的重塑。值得一提的是，高校思想政治教育结构本身便是一个值得深入研究的课题。它包含外部和内部两大结构。高校思想政治理论课的核心在于塑造人的思想和观念。这不仅仅是思想政治教育的任务，其他与人相关的社会活动也都在无形中参与了这一过程。事实上，有人的地方就存在思想政治教育，每个人都是教育的对象，同时也是教育者。这揭示了一个事实：高校思想政治理论课教学并非教育领域的专属，而是多元社会主体共同参与的实践活动。这些不同的社会主体在参与教学过程中所建立的关系网络，构成了其外部结构，进而定义了思想政治理论课教学的外部框架。

高校思想政治理论课教学正面临着改革，而这种改革并非简单的更新与发展，而是一场深刻的转型。一方面，从思想政治教育与社会的关系来看，思想政治教育是社会不可或缺的组成部分，其系统是社会大系统中的一个子系统。当社会结构发生变化时，思想政治教育也必然会随之调整。另一方面，思想政治教育本身也是一个完整的系统，具有其独特的结构性特征。在社会转型的影响下，高校思想政治教育的变革必然会引发其内部结构的重新调整。因此，高校思想政治教育应积极认识和推进这一现代转型，通过现代的思想政治教育方式，为社会提供智力支持、精神激励和思想保障。

高校思想政治理论课教学的现代转型是伴随着社会现代化进程而产生的。社会现代化是一种社会变迁，它包含两种类型：一种是发展性变迁，主要由社会改革带来的显著经济增长与发展所驱动，表现为生产要素的更新和生活方式的转变；另一种是转型性变迁，其根本原因在于社会结构和制度的变革，涉及各种社会关系和社会规则的调整与整合。高校思想政治理论课教学的现代转型正属于后者，它将带来深刻而广泛的影响，不仅会改变原有的教学格局，还将构建全新的教学体系，从而实现从旧秩序向新秩序的转变。

五、新媒体给思想政治理论课教师带来的挑战

在新媒体浪潮的席卷下，高校思想政治理论课的教学改革面临着前所未有的机遇与挑战。机遇在于，新媒体技术为教学提供了丰富多样的资源和手段，如虚拟现实、在线互动等，这些新兴工具极大地增强了教学的吸引力和互动性，使理论知识的传授更加贴近学生生活实际，促进了教学质量的提升。然而，挑战也随之而来，新媒体环境的复杂性和不确定性要求教师具备更高的媒介素养和信息筛选能力，以确保教学内容的准确性和正面导向，防止不良信息对学生思想观念的侵蚀，这对教师队伍建设提出了更高要求。

（一）教学方面的挑战

1.新媒体传播的"无屏障性"，增加了思想政治理论课教学的引导难度

一方面，新媒体中信息的广泛性使得信息的质量参差不齐，而高校学生作为新媒体忠实的使用群体之一，如果不能对这些信息进行辨别，就容易受到其中不良信息的影响。对高校学生的信息辨别能力进行培养是一个非常艰巨的任务，而新媒体的出现增加了这一工作的难度。

另一方面，一些不良信息在新媒体中的传递加大了高校在网络监管方面的难度。同时，新媒体所具备的隐秘性也增加了高校思想政治理论课教学的引导难度。

2.新媒体技术的"易更新性"，突显了思想政治理论课教学的创新难度

在网络信息技术和科学技术发展的当今社会，新媒体的应用形式也在不断地转变，而将其运用在高校思想政治教育中也对教师教学的创新性提出了更高的要求。从时代的发展进程来看，新媒体在教学中的运用已然成为教学发展的必然趋势。

因此，高校思想政治理论课教师为了提高自身的教学质量就必须对新媒体在教学中所具备的积极作用进行充分的发挥，创新思想政治理论课教学的方法和内容，进而更好地吸引学生的注意力。这些增加了思想政治理论课教学的创新难度。高校思想政治教师在工作中加以创新成为教师提高教学水平的重要方式。

3.新媒体的"匿名性"，增加了思想政治理论课教学的针对性难度

对于大学生而言，新媒体的匿名性使他们能通过网络抒发内心的真实情感，这一特性为高校思想政治教育者开辟了一条更为直接且全面的路径，以深入了解学生的心理状态与思想动态。

然而，也正是由于新媒体所具备的匿名性，教师在深入洞悉学生内心的真实想法后，常面临难以精确设定针对每个学生的个性化目标，以及难以实施针对性

引导的问题。这一现状，无疑在某种层面上增加了高校思想政治理论课教学的针对性难度。对此，在新媒体背景下，如何有针对性地了解大学生思想动态，并在日常的教育过程中对学生进行针对性的引导成为现阶段高校思想政治理论课教师亟须解决的问题。

4.新媒体的"无序性"，增加了思想政治理论课教学的管理难度

新媒体使用者的主体地位往往能得到充分的发挥。利用新媒体，用户不仅可以实现对信息的获取，还能对信息进行传播。但是，新媒体在其使用和信息传播中也存在一定的无序性，而这也给社会的和谐稳定发展造成了不利影响。

除此之外，也正由于新媒体信息传递的无序性，一些高校学生开始做出一些不符合道德规范的行为，这不仅会对学生自身的身心健康造成不利的影响，同时也会给其身边的人带来一定的伤害。新媒体的无序性使高校思想政治理论课教学的管理难度增加。

（二）自身素质方面的挑战

1.部分思想政治理论课教师的业务水平还需提高

高校思想政治理论课教学工作与心理学、文学艺术、政治学以及哲学等多个学科有着十分密切的联系。就目前的教育现状而言，一些思想政治理论课教师的知识结构较为单一，对当下社会所流行的文学艺术思潮、互联网文化和新现象并不熟悉。

随着新媒体时代的到来，思想政治理论课教师的业务水平还需提高。

2.部分思想政治理论课教师的专业能力不强

现阶段，部分高校思想政治理论课教师存在专业能力不强的现象，总结起来主要有三点。

第一，网络语言能力欠缺，不善使用新媒体，而且无法以网络形象、线上语言文字等诸多形式来阐述自己的观点。

第二，洞察能力不强，部分思想政治理论课教师不知道如何利用新媒体在众多信息中了解学生的思想情感，也不能对一些网络新奇现象进行综合分析，因此难以全面掌握受教育者的特点。

第三，在调研能力方面存在短板，尤其体现在未能有效利用新媒体技术平台，精准地策划并执行网络调研与信息收集任务。这导致思想政治理论课教师难以迅速整合并深入分析各类信息，从而无法及时预测高校学生思想动态的变化趋势。

第三节　高校思想政治理论课教学改革的必要性和意义

一、高校思想政治理论课教学改革的必要性

推进高校思想政治理论课教学改革就是要办好思想政治理论课，这是由它本身的重要地位和作用决定的。办好高校思想政治理论课需要解决众多问题，但最重要的还是解决好信心问题，抓住大有可为的机遇，破解难题，推动思想政治理论课不断创新。

（一）高校思想政治理论课教学改革是适应时代发展、满足学生需求、提升教育质量的关键举措

随着时代的变迁，高校思想政治理论课的教学内容和方法需要不断更新，以适应建设社会主义现代化强国、推进现代化建设的要求，确保教育内容具有先进性和时代性。

大学生对思想政治理论课有着一定的需求，希望课程内容能够与个人相关的知识相结合，同时对教学方式有新的需求，如交互白板应用、案例和互动教学等。进行思想政治理论课教学改革可以有效地提升教学效果。

对思想政治理论课进行教学改革，可以解决专业教育和思想政治教育联系不够紧密的问题，将价值观融入知识传授和能力培养中，帮助学生塑造正确的世界观、人生观、价值观，有效提升教育质量，进而提高人才培养质量。

（二）高校思想政治理论课教学改革事关党的意识形态工作大局

随着经济全球化趋势深入发展，我国与其他国家的联系日益密切，不可避免地受到西方思想文化的冲击。大学生作为推动国家发展的重要力量，做好他们的思想政治教育工作变得尤为重要。因此，要推动高校进行思想政治理论课教学改革，使他们在复杂多变的局势中树立科学向上的世界观、人生观、价值观，使他们在世界的大环境下清晰地认识到我国的实际情况，以及自己所处的环境，更为冷静、理智地看到社会上发生的重大事件，既不会做出损人害己的行为，也不会将自己置身事外。

高校思想政治理论课肩负着对学生进行系统、全面、深刻的马克思主义理论教育、中国近代史教育、道德与法治教育等的重任，要引导学生自觉形成鲜明且

坚定的马克思主义政治立场。就构成思想政治理论课体系的课程来看，高校思想政治理论课需要向学生阐明马克思主义基本原理、毛泽东思想和中国特色社会主义理论体系，特别要讲清楚马克思主义中国化最新成果，包括理论背景、核心思想、历史地位、政治保证、发展方向等；需要向学生展示近代以来中国人民在革命、建设和改革过程中浴血奋斗，并创造了辉煌成就的历史进程；需要向学生剖析作为社会主义合格公民应该具备的思想道德修养，培养学生形成正确的世界观、人生观和价值观。

高校通过这一系列逻辑紧密、相互联系、系统全面的课程，结合原理、理论、历史、道德与法治和时代背景来进行主流意识形态的灌输和启发，可以让学生"溯其根、知其理、思其道、修其德、明其志"，让学生坚信在中国共产党的领导下，一定能够实现伟大梦想。

（三）高校思想政治理论课教学改革事关中华民族伟大复兴的中国梦

实现中华民族伟大复兴是近代以来中华民族最伟大的梦想，符合全国各族人民的根本利益。在铸就辉煌梦想的征途中，势必遭遇艰巨挑战。高校思想政治理论课是一门回顾历史、关注现实、解答时代课题、展望未来的课程，是一门与中国梦紧密相连、帮助学生形成具有为伟大梦想奋斗的大局观的课程。思想政治理论课作为落实立德树人根本任务的关键课程，其改革创新对于培养担当民族复兴大任的时代新人具有重要意义。将中国梦融入思想政治理论课，不仅可以丰富教育内容，还可以提供鲜明的时代主题和强大的精神动力，有助于引导学生将个人理想与国家发展紧密结合。高校进行思想政治理论课教学改革，用习近平新时代中国特色社会主义思想武装大学生的头脑，增强大学生对中国特色社会主义的政治认同、理论认同和情感认同，使其将个人成长与国家发展、民族进步紧密结合起来，并将个人成长融入实现中华民族伟大复兴的中国梦这一历史进程中去，这不仅关乎中国特色社会主义的发展，更是迈向社会主义现代化强国、实现民族复兴梦想的必由之路。

二、高校思想政治理论课教学改革的意义

（一）有利于顺应时代潮流，应对国际复杂局势

高校思想政治理论课承担着"教育的历史责任"。思想政治理论课教学改革与时代同步伐，对于顺应时代潮流，在风云激荡的世界局势中抢占意识形态阵地，抵制西方不良思潮入侵，应对国际复杂局势有着重要意义。

当今的全球格局正经历前所未有的剧变。从国际视角审视，尽管和平与发展依然是全球的主流趋势，但局部冲突此起彼伏。国际贸易中的保护主义势头不减，政治化的贸易策略频繁出现。从国内视角审视，中国特色社会主义进入新时代，这个时代既带来了前所未有的机遇，也伴随着诸多挑战。一方面，我国生产力显著增强，现代化国家的构建正在有条不紊地进行，为实现中华民族的伟大复兴描绘出了光明的蓝图。另一方面，随着改革开放的深入，一些深层次的问题开始浮出水面，如何在保持社会稳定的同时，进一步深化改革，成为当前亟待解决的课题。因此，高校思想政治理论课程教学改革有利于引导学生运用马克思主义的立场、观点、原则去解析国内外的重大事件，教会他们在社会转型的关键时期正确看待国内矛盾，坚定"四个自信"，坚守马克思主义信仰和共产主义信念。

（二）有利于聚焦立德树人根本任务，实现铸魂育人

在新时代的浪潮中，为实现中华民族伟大复兴的中国梦，高校思想政治理论课教学改革可以更好地完成立德树人根本任务，助力中华民族伟大复兴。

高校思想政治理论课以其"德育为本"的核心理念，扮演着塑造灵魂、培育人才的关键角色，是推动个体全面发展的基石。它深植于人性的需求，着重于个体精神世界的滋养，通过整合思想、道德和法律观念，强化了学生的道德修养与法治素养，同时丰富了他们的精神内涵。更为重要的是，这门课程以马克思主义理论为指南，为学生提供了洞察世界、改造世界的理论工具。

高校思想政治理论课教学改革有利于推动高校思想政治教育与时代需求紧密对接，培养出能够为实现中华民族伟大复兴的中国梦贡献力量的新时代人才。在新时代的征程中，必须着力培养坚定拥护中国共产党的领导、坚守社会主义制度、矢志不渝为中国特色社会主义事业奋斗终生的杰出人才。

（三）有利于应对社会转型，培养社会主义核心价值观

在当今时代，高校思想政治理论课的核心受众是正处于成长关键期的大学生。这一群体的价值观塑造，对于未来社会的整体价值取向具有决定性作用。

在西方自由主义、拜金主义以及利己主义的影响下，青年一代的价值观念受到影响。新媒体的崛起使得信息传播的速度加快，大学生在面对海量信息时，往往缺乏足够的辨识以及批判能力，容易受到舆论的左右。作为覆盖高校全体学生的思想政治理论课，承载着引导学生正确看待现实问题的重任。大学生的思维活跃，他们对问题的看法多样。但是，在信息爆炸的今天，传统的思想政治理论课教学方式已经难以激发学生的学习热情，也无法适应学生思想的变化。因此，对

高校思想政治理论课的教学改革势在必行。

随着人们生活水平的提高、互联网的普及以及经济全球化的深入发展，当代大学生的思想观念、道德观念和接受思想政治教育的方式都在发生深刻的变化。他们充满活力，对新鲜事物充满好奇，能够快速适应和学习，但在世界观的构建上仍需要稳定和正确的引导。为了更有效地引导大学生，高校思想政治理论课需要紧密结合当代青年的思想、学习和生活实际进行改革。这样的改革不仅能推动课程内容、教学方法和教育理念的现代化，还能深化他们对社会主义核心价值观的理解和认同。

（四）有利于加快教育改革，完善高校思想政治教育教学格局

随着高校思想政治理论课教学改革的深入进行，众多高校致力于顶层设计的优化，目前"大思政"的育人模式已初见成效。在相关部门的宏观指导下，各校基于自身办学特色与实际，针对新时代高校思想政治教育面临的挑战，积极寻求解决方案，力求打破发展不平衡的瓶颈。

在校内，许多高校以构建教学与管理双渠道为核心，在党委的引领下，形成了一套由校长办公会、教务处、二级学院及思想政治教学部等多方联动的教学管理体系，以及由校党委、学生工作部门、院系党政班子及思想政治辅导员共同参与的日常管理体系。在校外，高校在各级政府的大力支持下，构建了多元化、多层次的社会实践平台，包括暑期实践、专业实习、支教支农等活动，形成了一套校外育人实践体系。通过校内外的协同努力，以高校为主导，以社会参与为补充，高效整合育人资源，切实提升高校思想政治教育的效果，推动其向现实成效的转化。高校思想政治理论课教学改革加快了教育改革，完善了高校思想政治教育教学格局，主要体现在以下两个方面。

1. 主渠道建设

主渠道建设即思想政治理论课建设，是以高校学生为对象开展政治理论传播、价值规范引领的主要方式。理论课课堂教学需要宝贵的育人资源。育人资源是十分丰富的，如红色文化资源、影视资源、时政资源等。很多高校在融合发展方面取得了一定成果，成功地将一系列资源融入课程设计中，以融合研究与实践为核心动力，不仅实现了资源的教材化、课堂化和内化，还在育人过程中取得了显著成效。在思想政治理论课内容与方法的改革上，这些高校巧妙地整合了优质的育人资源，并将其应用于课堂教学实践中。它们通过多样化的教学手段，构建了多元化且可操作的育人平台，同时对所在地区的育人资源进行深度融合与开发，将

大量的素材、资源引入主渠道建设全过程。

随着高校思想政治理论课教学内容多样化需求的增长，高校积极引进并整合各类资源，力求与主渠道建设相结合，以实现教育内容的丰富化和教学环节的多元化。当前，借助网络和新媒体技术的推动，高校在理论课课堂上成功地引入了大量素材，取得了显著成效。在思想政治理论课的教材使用上，高校遵循教育部统一指导，采用标准教材，同时，一些具备条件的高校则根据本校特色，开发了校本教材。这些教材在选材上既注重全国性资源的广泛性，又充分考虑了区域内独特的育人资源。虽然各高校在教材建设方面的水平不尽相同，但不同学校在将资源融入主渠道建设方面均取得了良好的成果。

2. 主阵地建设

主阵地建设的核心在于高校的日常思想政治教育工作。从广义角度来看，主阵地的主体涵盖了多个层面，包括专注于学生日常思想政治教育的思想政治辅导员，以及院系党组织副书记、团总支负责人、学工队伍等。从狭义的角度来看，主体特指高校的思想政治辅导员，他们的工作范围十分广泛，涵盖了政治理论教育、核心价值观引导、班级和团队的建设、入党审核、学风塑造、日常事务处理、危机应对、心理健康教育、职业规划指导以及就业与创新创业引导等多个方面，这就要求他们不仅需要具备深厚的理论素养，还需要具备卓越的管理能力。

在当今时代，高校主阵地建设强调思想政治辅导员需在日常学习、生活及工作各环节中融入理论教育和价值导向，确保与主流教育途径相辅相成、和谐共进。这一过程旨在实现教育的高针对性、强实效性。在新时代，高校思想政治教育需要紧跟时代步伐，应对教育环境和社会环境变化带来的新挑战。目前，思想政治辅导员主要通过谈心交流、主题班会、第二课堂和日常行为管理等方式来开展工作，同时利用新媒体工具、信息技术平台等开展辅助性工作，实现了良好的教育效果。众多高校思想政治辅导员在主阵地建设方面已取得显著成效。

一是主阵地建设引领学生深刻领会并肩负起实现中华民族伟大复兴的历史重任。思想政治辅导员在日常工作中融入思想政治教育，激发学生主动担当新时代赋予的历史使命，鼓励他们积极投身于实现中华民族伟大复兴的实践中，从而培养出能够胜任社会主义建设的人才。

二是担负起立德树人的使命。在高等教育发展的新阶段，面对中国特色社会主义事业发展的历史性机遇，思想政治辅导员以培养德才兼备的高素质人才为目标，坚持立德树人，通过主渠道与主阵地的紧密合作，取得了显著的育人成效。

（五）有利于发挥思想政治教育的价值引领作用

在高校教育体系中，思想政治教育承担着价值引领的重任，对于大学生的全面发展具有重要影响。特别是在青年学生世界观、人生观、价值观形成的关键时期，高校通过思想政治理论课教学改革，进一步强化了这一价值引领作用。以社会主义核心价值观为指引，高校紧密关注学生的思想动态和心理发展，确保学生在正确的价值导向下健康成长。

通过改革创新，高校思想政治理论课不仅传授了理论知识，更注重引导学生将所学知识转化为实际行动，树立正确的价值观念。在教学过程中，教师采用多样化的教学方法，如案例分析、小组讨论、角色扮演等，激发学生的学习兴趣，帮助他们深刻理解社会主义核心价值观的内涵和意义。同时，高校还通过组织各类实践活动，如志愿服务、社会调查等，让学生在实践中体验、感悟和践行社会主义核心价值观，从而真正实现价值引领的目标。

（六）有利于推进良好的融合育人机制建设

高校思想政治理论课教学改革不仅局限于课堂教学本身，更推动了良好的融合育人机制建设。高校以系统化的思想政治理论课与日常育人工作为核心，深度整合校内外各种育人资源，形成协同育人的强大合力。

在具体实践中，高校通过专业教学、创新培养、文化熏陶和环境影响等多维度育人途径，不断完善融合机制。例如，将思想政治教育融入专业教学之中，通过专业课程中的思想政治教育元素，引导学生树立正确的伦理观念和职业道德；通过创新培养，激发学生的创新思维，培养他们的创新精神和社会责任感；通过文化熏陶，传承和弘扬中华优秀传统文化，提升学生的文化素养和审美能力；通过环境影响，营造积极向上的校园文化氛围，潜移默化地影响学生的思想和行为。

此外，在确保基本育人目标不变的前提下，高校充分利用自身优势和资源，积极探索适合本校特点的融合育人机制。通过不断推进多层次、全方位的融合育人机制建设，高校为培养德智体美劳全面发展的社会主义建设者和接班人提供了有力保障。

第三章 高校思想政治理论课 教学改革的现状

高校思想政治理论课教学改革是当前教育领域的重要课题，其涉及学生思想觉悟和政治素质的培养。随着社会的发展和学生群体的多样化，传统的教学模式和内容已经不能满足当下的需求，因此要对思想政治理论课进行深刻的改革。现阶段，高校思想政治理论课教学改革取得了一些成果，但在整体上仍然存在着一些问题，通过对相关内容进行深入分析，可以为今后的改革工作提供一定的借鉴和参考。因此，本章主要围绕高校思想政治理论课教学改革取得的成绩、高校思想政治理论课教学改革存在的问题展开研究。

第一节 高校思想政治理论课教学 改革取得的成绩

全国各高校全面贯彻落实党的教育方针，推动了高校思想政治理论课的教学改革，并取得了一定的成绩。

一、高校思想政治理论课得到高校重视

随着新时代的到来，党中央对全国的高校思想政治理论课建设工作给予了高度重视，推动其取得了显著成果。

（一）党政领导亲自抓

在新时代背景下，各高校充分认识到党政领导在思想政治理论课建设中的关键作用，并积极发挥他们的示范引领作用。例如，一些高校已将学校领导登上讲台纳入思想政治理论课教学计划，明确要求授课的领导需认真备课、撰写讲义，并按时完成授课任务。同时，还有高校鼓励学院领导直接参与思想政治理论课的教研活动，亲自对相关教师进行指导。此外，定期就思想政治理论课

的专题化教学、实践教学模式及教学评价机制展开研讨，也成为部分高校领导的工作内容。

（二）成立专门机构

为了更有针对性地推进思想政治理论课的建设，部分高校积极成立了专门机构，如马克思主义学院、思想政治理论教学部以及思想政治理论课建设领导小组等。这些机构专门负责高校思想政治理论课的建设工作，并进行单独监管。在建设标准和政策执行上，它们将思想政治理论课与其他课程明确区分开来，根据课程特点制定相应策略，精准解决各类问题。这一举措彻底改变了过去思想政治理论课依附于其他二级教学科研机构的状况。

目前，全国范围内的高校已广泛设立了以马克思主义学院为核心的思想政治理论课建设专门机构，形成了较大规模的布局。这些机构在高校思想政治教育体系中发挥着举足轻重的作用，为推动高校思想政治理论课的持续发展提供了有力保障。

（三）配齐、配足思想政治理论课教师

中共中央办公厅、国务院办公厅联合发布的《关于深化新时代学校思想政治理论课改革创新的若干意见》，明确提出了"加快壮大学校思政课教师队伍"的重要任务。以此为指引，各高校对思想政治理论课教师的配置给予了高度重视，并取得了显著成效。遵循教育部的相关指导，各高校通过多元化的招聘方式，如社会公开招聘和校内岗位转换等，全面优化了思想政治理论课教师的编制核定、师资配备与选拔工作，同时加强了后备人才的培养。此外，各高校还不断提升思政课教师的待遇，为我国思想政治理论课教师队伍的建设注入了新的活力，实现了历史性的进展。

（四）集体备课、集体教研

根据《新时代高校思想政治理论课教学工作基本要求》的特别规定，思想政治理论课教学科研二级机构需定期组织全员参与集体备课活动，聚焦共性问题进行深入研讨，以促进各门课程之间的有效衔接。在这一要求的指导下，各高校思想政治理论课教学专门机构长期坚持开展集体备课工作，共同攻克教学中的重难点问题，深化了对相关知识的理解。同时，这一做法也促进了新老教师之间以及不同专业背景教师之间的交流与学习，实现了优势互补。这不仅充分发挥了集体在思想政治理论课建设中的整体优势，还通过创新性的教学模式，显著提升了思想政治理论课的教学质量。

二、高校思想政治理论课协同育人初见成效

习近平总书记指出："要坚持把立德树人作为中心环节，把思想政治工作贯穿教育教学全过程，实现全程育人、全方位育人，努力开创我国高等教育事业发展新局面。"[①] 各高校以此为依据推进思想政治理论课教学改革，并取得了一定成效。

（一）协同育人理念得以贯彻

中共中央办公厅印发的《关于加强新时代马克思主义学院建设的意见》明确指出需牢固树立全员、全程、全方位育人理念，并倡导建立协同育人机制，这充分展现了党中央高度重视协同育人工作。在推进思想政治理论课教学综合改革的过程中，强化教育的系统性、整体性和协同性已形成了广泛共识。深入理解并认同协同育人理念，是有效实施协同育人实践的重要基础与先决条件。当前，各高校认真研读一系列有关的政策文件，深刻把握相关会议的精神实质，使得协同育人的教育理念得到了初步的实践，主要反映在以下几个方面。

第一，对"全员育人"重要性的认识不断加深。各高校深刻认识到协同育人需要多元主体的积极参与，进而充分发挥育人合力。

第二，对"全程育人"重要性的认识不断提高。各高校充分认识到协同育人的贯彻落实不是一蹴而就的，而是一个需要不断在实践中得到提升进而逐步发展的过程，需要将对学生的思想政治教育一以贯之地坚持下去。

第三，对"全方位育人"重要性的认识得到强化。各高校深刻理解了协同育人系统蕴含着不同平台、不同主体、不同载体，是各个要素相互作用、共同发力的整体性系统。各高校积极学习并认真把握协同育人理念，使协同育人理念得以贯彻，为思想政治理论课协同育人工作长效运行打下了良好基础。

（二）协同育人格局初步构建

协同育人格局在协同育人理念贯彻的基础上得以初步构建。

一是多元主体协同育人格局初步形成。高校领导重视思想政治理论课协同育人工作，统筹谋划协同育人实践活动；思想政治理论课教师承担起对学生进行思想政治教育的主要任务，各专业课教师将思想政治元素融入教学之中，思想政治辅导员密切配合相关工作；心理健康教育者以及学校其他管理人员同步参与到协

---

① 把思想政治工作贯穿教育教学全过程 开创我国高等教育事业发展新局面［N］.人民日报，2016-12-09（1）.

同育人工作之中。

二是部门协同育人的框架初具规模。各高校纷纷以挖掘和利用校内各部门的独特育人优势为着力点，凝聚各方育人资源，共同构建思想政治理论课协同育人的强大合力。高校通过资源的有效整合与力量的协同配合，加之将思想政治教育工作与教学、科研、管理、服务等各项工作深度融合，营造出多维度、立体化的德育环境，显著提升了教育的整体效果，真正实现了教育的全员参与和全程覆盖。

三是课程协同育人的模式初步显现。各高校已深刻认识到课程思政与思想政治理论课之间的紧密联系与相互促进作用，它们通过课程思政来丰富和深化思想政治理论课的相关教学内容，同时利用思想政治理论课的教学平台来强化课程思政的育人功能，使得两者相辅相成，共同构建起强大的协同效应。

四是平台协同育人的体系初步建立。在保持传统教学平台优势的同时，各高校还积极利用数字技术的新平台，为思想政治理论课教学注入新的活力。这些数字技术和新平台不仅拓宽了教学渠道，还大大提升了教学效率与质量，使得协同育人理念在更广阔的范围内得到实践与推广。从育人主体到部门、课程，再到平台，一个全方位、多层次的思想政治理论课协同育人体系已初步建立，为未来思想政治教育的深入发展奠定了坚实的基础。

（三）协同育人成效显著

随着党和国家对高校思想政治理论课协同育人工作的日益重视及其实践探索的不断深入，协同育人成效日益显著。

首先，育人主体协同意识显著增强。这体现在各方主体不仅增强了相互合作的意愿，还在实际行动中展现出强烈的主动性，积极探索并实践多样化的协同育人模式，从而汇聚成一股日益强大的协同育人力量。

其次，育人环节之间的衔接更为紧密。从理论传授到实践应用，从知识讲解到亲身体验，高校思想政治教育的各个环节相互渗透、相互促进，形成了全过程育人的良好局面。这种变化促使学生更好地将所学知识与实践相结合，真正实现知行合一的教育目标。

最后，协同育人资源得到了充分的开发与利用。从显性的教育资源到隐性的文化熏陶，从具体的教学设施到无形的网络平台，各类协同育人资源被不断开发并得到有效利用。同时，各类育人实践活动蓬勃开展，多样化的育人平台不断涌现，为协同育人的深入开展提供了有力支撑。这些变化充分证明了思想政治理论课在改革创新方面所取得的显著成就。

三、高校思想政治理论课教学方法得到创新发展

随着时代的进步和教育理念的更新，高校思想政治理论课教学也在不断适应并引领教育变革的潮流。多年来，该类课程在教学方法上进行了大胆创新，取得了显著的历史性成就。

（一）提出了高校思想政治理论课教学方法的创新理念

在教学改革的征途中，理念的更新始终扮演着引领者的角色。高校思想政治理论课教学方法的创新，正是以一系列前瞻性的教学理念为先导的。

首先，以学生为中心的教学理念得到了广泛认同与实践。习近平总书记强调，思政课教学应在教师主导的同时，坚持以学生为中心。这一理念不仅为教学方法的创新提供了方法论指导，更明确了教学改革的目标与方向，即充分发挥学生的主体作用，激发他们的学习热情与创造力。

其次，对思想政治理论课教学规律的深刻揭示，为教学方法的创新提供了有力支撑。习近平总书记提出的"八个相统一"[①]教学规律，极大地拓宽了教学方法的探索领域，提升了教学的境界与水平。

最后，"大思政课"的教学理念将教学空间从传统的课堂延伸到了广阔的社会舞台。这一创新理念鼓励师生在社会实践中深化对理论知识的理解，极大地拓展了教学方法的发展空间。

（二）改革创新促进了教学方式的多元发展

新媒体技术的迅猛发展，为高校思想政治理论课教学方式的创新提供了强大动力。借助"互联网＋"的翅膀，教学方式实现了线上线下的深度融合与多元发展。

线上教学方面，通过利用微课、慕课等新媒体形式，以及观看丰富多样的教学视频，学生能够更广泛地涉猎知识、拓宽视野。线下教学则更加注重重难点问题的深入讲解与师生的充分互动。研学与讨论相结合的教学方式，不仅增强了学生的参与感与获得感，还使课堂教学焕发出了新的活力。

特别值得一提的是，小班教学法在新媒体时代得到了广泛应用与推广。这种教学方法能够有效增强教学的互动性与针对性，让每一位学生都能在课堂中找到属于自己的位置与声音。通过深入讨论与交流，学生的思维得到了碰撞与升华，课堂氛围也变得更加活跃与热烈。

---

① 　八个相统一：坚持政治性和学理性相统一、价值性和知识性相统一、建设性和批判性相统一、理论性和实践性相统一、统一性和多样性相统一、主导性和主体性相统一、灌输性和启发性相统一、显性教育和隐性教育相统一。

总的来说，在新时代的背景下，高校思想政治理论课教学方式的创新已成为教育改革的热点与亮点。在党中央政策文件的引领下，以及全体师生的共同努力下，该课程在形式上实现了前所未有的突破。多样化的教学方式如雨后春笋般涌现，不仅提升了教学的质量与效果，还使理论学习与实践探索更加紧密地结合在一起。此外，各类以展示学生学习成果为主题的系列活动也如火如荼地开展起来，为学生提供了展示才华、交流思想的宝贵平台。

（三）构筑了高校思想政治理论课教学方法的新场域

随着时代的进步和科技的发展，高校思想政治理论课的教学方法也在不断创新和演变。这种发展并非孤立存在，而是在整个教学体系和社会环境的共同影响下逐步推进的。在新时代背景下，我们观察到高校思想政治理论课教学方法的几个显著的发展趋势。

首先，教学方法正从纯理论教学向实践教学延伸。通过引入我国当前面临的现实问题，思想政治理论课更加接地气，实现了理论与实践的有机结合，从而拓展了教学方法的创新空间。

其次，教学环境也从传统的现实课堂拓展到了虚拟环境。为了顺应数字化、智能化的教育潮流，高校思想政治理论课已经开始在现实与虚拟两个环境中并行教学，实现了两者的和谐统一。

最后，课程内容也从单一的直接教学拓展到了更为广泛的间接教学。自党的十八大以来，高校思想政治理论课开始深度挖掘其他课程和教学方式中的思政教育元素，充分利用各种教学资源，实现了与其他课程的协同发展，进一步丰富了间接教育的方法和手段。

（四）产出了高校思想政治理论课教学方法研究的新成果

在对高校思想政治理论课的持续探索中，相关学者不仅积累了大量实用有效的教学方法，更在教学方法研究上取得了显著的理论成果。学术界纷纷出版专著、发表学术论文，深入探讨和研究思想政治理论课的教学方法。这些理论成果不仅极大地推动了教学方法的改革与创新，更为高校思想政治理论课教学方法的持续发展提供了坚实的理论支撑。

第二节　高校思想政治理论课教学改革存在的问题

一、具体教学工作方面存在的问题

（一）教学内容较为抽象且热点问题回应不足

思想政治理论课作为高校德育的重要组成部分，应站在时代前沿，积极回应学生关心的热点问题。然而，由于课程内容的理论性和抽象性，特别是"马克思主义基本原理概论"涉及深奥的哲学和政治经济学知识，学生在理解上往往存在困难。同时，部分教师在教学实践中对热点问题的回应显得不足，未能有效地将抽象理论与现实问题相结合，从而影响了教学效果的提升。

（二）教学方法仍需优化

随着教学改革的推进，高校思想政治理论课的教学方法也在不断革新。然而，目前仍存在一些问题。一方面，部分课堂教学方法过于片面化、碎片化，为了提高学生的参与度，过度解读教学案例，忽视了课程的政治性、学理性和系统性。另一方面，以信息技术为支持的教学方法虽然提高了课堂效率，但隔着屏幕的教学减少了师生面对面的情感交流，对情感目标和价值目标的达成产生了一定影响。

（三）教学评价不尽如人意

当前，高校思想政治理论课教学评价面临诸多挑战。首先，评价目的不明确，过于重视理论知识的考核，忽视了对学生分析问题和解决问题能力的考察。其次，评价体系不完善，缺乏对教师"教"的科学评价，且学生评价方式单一，主观性和盲目性较强。最后，考查方式较为传统，以考试为主，难以全面反映学生的德才表现。这些问题的存在制约了教学评价的准确性和有效性。

（四）实践教学有待突破的瓶颈

虽然实践教学在高校思想政治理论课中得到了广泛应用，但仍存在一些瓶颈。一方面，实践教学尚未形成合力，各部门之间缺乏协同联动的实践育人机制，且硬件条件建设有待加强。另一方面，实践教学特色不够明显，过于依赖传统形式，未能充分体现高等教育的职业性和专业性特点，也未能紧跟时代步伐利用信息技术手段进行创新。这些问题的存在影响了实践教学的效果和特色彰显。

二、教学主体方面存在的问题

（一）学生方面存在的问题

1. 缺乏对思想政治理论课的正确认知

受功利主义和利己主义等价值观的影响，一些学生进入高校后，更关注如何顺利获取毕业证书以增加就业筹码。因此，他们往往更重视那些对就业有直接帮助的专业课程，而忽视了思想政治理论课的重要性。此外，一些学生认为马克思主义理论内容难以理解，从而产生畏难心理，进一步降低了对该课程的学习兴趣。

2. 学习兴趣不高

学生对思想政治理论课的学习兴趣不高，主要源于以下几个方面：首先，部分学生对课程的重要性认识不足，导致学习动力不足；其次，一些学生知识储备不足，难以理解和运用相关政治理论，从而影响了学习兴趣；最后，学习目标偏离实际，过分追求高分而忽视了对课程内涵的深入理解，进而导致兴趣的缺失。

（二）教师方面存在的问题

1. 对教学改革目的的认知存在偏差

部分教师在参与思想政治理论课教学改革时，未能准确理解其深远意义，导致认知上存在偏差。他们可能过于关注个人利益或外在的形式化指标，而忽视了教学改革的核心价值和目标。这种偏差不仅削弱了教师的创新动力，也影响了教学改革的整体推进。

2. 部分高校入职门槛偏低，教师专业素质参差不齐

部分高校在招聘思想政治理论课教师时，可能过于侧重专业能力而忽视了对道德品质和职业素养的考察。这导致教师队伍出现了专业素质参差不齐的现象。一些教师虽然具备丰富的教学经验，但缺乏必要的学科知识和专业素养的支撑，从而影响了教学质量和效果。

3. 创新意识不强

面对新形势和新要求时，部分思想政治理论课教师表现出创新意识不强的问题。他们可能在教学理念、方法和内容方面缺乏创新意识，难以适应时代的发展和学生的需求变化。这种创新意识的缺失限制了思想政治理论课的创新发展和教学质量的提升。

第四章　高校思想政治理论课教学改革的基本理论

高校思想政治理论课作为塑造大学生世界观、人生观、价值观的关键环节，其教学改革显得尤为重要而迫切。基于此，深入探索并实践高校思想政治理论课教学改革的基本理论，对于提升教学质量和效果、增强学生综合素质、推动学科发展具有重要的理论和现实意义。本章主要围绕高校思想政治理论课教学改革的指导思想、高校思想政治理论课教学改革的基本原则展开研究。

第一节　高校思想政治理论课教学改革的指导思想

一、坚持党的领导

中国共产党始终高度重视高校思想政治理论课的建设与发展。自党的十八大以来，以习近平同志为核心的党中央将教育工作中的党的领导提升到了前所未有的高度，对教育领域的重大议题提出了富有远见的观点与策略。从国家整体发展的战略视角出发，党中央对相关教育工作进行了深入且全面的规划与布局，充分展现了新时代党对高校思想政治理论课建设的新思考和新认识。

在 2016 年 12 月召开的全国高校思想政治工作会议上，习近平总书记明确指出，要办好我国的高等教育，必须坚持党的领导，牢牢掌握党对高校工作的全面领导权，使高校成为坚持党的领导的坚强阵地。他强调，党委应确保高校的正确办学方向，掌握思想政治工作的主导权，以保证高校始终成为培养社会主义事业合格建设者和接班人的坚强阵地。随后，2019 年 8 月发布的《关于深化新时代学校思想政治理论课改革创新的若干意见》为新时代下的思想政治理论课教学改革提供了明确的指引。

高校思想政治理论课不仅承担着对大学生进行系统的马克思主义理论教育的

任务，还肩负着传授党的基本政策等方面知识的使命。其根本目的在于培养中国特色社会主义事业的合格建设者和可靠接班人。在这一过程中，坚持党的领导显得尤为重要。高校思想政治理论课教学必须以马克思主义及其中国化的最新理论成果为指导，面对经济全球化所带来的各种挑战，我们必须坚持党的领导，明确政治立场和方向。这是高校进行思想政治理论课教学改革必须坚守的首要原则，直接关系到教学改革的根本政治方向。

在推进高校思想政治理论课教学改革中坚持和加强中国共产党的领导，我们需要注意以下几个方面：首先，党的领导为教学模式的创新树立了正确的政治方向，确保了高校思想政治理论课在创新过程中始终坚守社会主义办学方向，体现出社会主义大学的本质特征；其次，党的领导为教学模式的创新提供了规范，确保了教学模式的创新始终遵循党的基本政治规范和要求，体现在教学目标的制订、教学内容的整合、教学方法的运用、教学程序的组织以及教学评价的构建等各个环节。

二、坚持"立德树人"

回顾我国的教育历史，"立德树人"这一理念始终贯穿其中。"立德"强调树立高尚的德行，"树人"则指通过教育来塑造和发展人才。这两者相辅相成，"立德"是"树人"的基础和前提，"树人"则是"立德"的目的和归宿。这一理念不仅继承了中华民族的优秀传统文化，也体现了对教育本质的深刻理解。

自中华人民共和国成立以来，中国共产党的历代领导人都坚持并发展了"立德树人"的教育理念。从毛泽东强调对青年的思想政治教育，到邓小平提出培养"四有"新人，再到江泽民和胡锦涛分别强调德育在全面发展中的重要地位，都体现了党对"立德树人"这一教育根本任务的持续关注和深化。

随着中国特色社会主义进入新时代，"立德树人"的重要性愈发凸显。习近平总书记强调，要围绕这一根本任务，培养德智体美劳全面发展的社会主义建设者和接班人。对于高校而言，"立德树人"不仅是教育工作的出发点，更是其落脚点。而要实现这一目标，思想政治理论课无疑是关键所在。

在推进思想政治理论课教学改革过程中，聚焦"立德树人"具有深远的理论和实践意义。从理论上讲，它不仅是对中华民族优秀传统文化的传承和发展，也是对马克思主义教育理论的丰富和创新。从实践层面看，它有助于帮助学生塑造健全的人格，推动思想政治教育学科的改革创新。

具体来说，聚焦"立德树人"的指导思想在思想政治理论课教学改革中的实践价值主要体现在以下几个方面：首先，它有助于完善课程的教学目标，为新时代如何上好这门课提供基本准则；其次，它促使教师以德为先，以事实为依据进行教学，从而推动教学改革并培养高素质的教师队伍；再次，它为学生的成长和成才指引方向，营造积极向上的教育氛围；最后，它能够有效提升学生的道德品质和思想觉悟，进而培育出勇于担当历史重任的新时代青年。

在高校思想政治理论课教学改革中坚持"立德树人"，我们还需从多个方面入手：加强师德建设是关键，要打造一支高素质的教师队伍；在教学目标、内容和方法中贯穿"立德树人"的理念也是必不可少的；在教学评价中也要充分体现这一理念的要求，确保评价的科学性和长期性。

三、坚持"八个相统一"

习近平总书记提出的思想政治理论课"八个相统一"教学规律，是对新时代高校思想政治教育规律的深刻洞察与精辟总结。这一论断不仅揭示了思想政治教育的内在逻辑，也为高校思想政治理论课的教学改革指明了方向，提供了深远的启示。高校思想政治理论课教学体系应以"八个相统一"为引领，融入习近平新时代中国特色社会主义思想的最新理论成果，体现时代特色，将马克思主义基本原理与中国特色社会主义伟大实践及中华优秀传统文化相结合，围绕立德树人、帮助青年学生成长成才的使命，努力提升教师的理论素养，推动新时代高校思想政治理论课教学体系的完善与发展，赢得青年、引领青年，充分发挥其思想引领、情感激励的教学功能。

（一）坚持政治性和学理性相统一

在高校思想政治理论课教学改革中，必须坚持政治性和学理性相统一。这一原则根植于社会主义的办学方向和思想政治理论课的本质属性。教学过程中，教师既要坚守政治立场，传递正确的价值观，又要注重学理探究，将政治信仰与学术追求紧密结合。改革应将政治话语转化为学术语言，使理论具有政治性，政治具有学理性。作为党和国家思想政治工作的重要阵地，思想政治理论课必须坚持马克思主义的指导地位，确保教学改革沿着正确方向前进。同时，要将政治性融入学生成长需求，实现育人目标与意识形态目标的统一。

政治性体现在教学改革的政治导向、政治任务和教学队伍的政治担当上。思想政治理论课的首要任务是提升学生的政治理论素养，坚定其政治立场，强化其政治担当。改革必须维护马克思主义在意识形态领域的指导地位，确保教学改革的正确方向。同时，要深入把握思想政治理论课的学理性，包括马克思主义的深邃学理、哲学社会科学的广泛学理以及理论运用中的实践学理。教师应深入研读马克思主义，提升理论功底，将马克思主义基本原理讲透彻，增强学生的"获得感"。

（二）坚持价值性和知识性相统一

高校思想政治理论课教学改革必须坚持价值性和知识性相统一，这也是完成思想政治理论课立德树人目标的重要指导思想。大学生理想信念及"三观"理念并非一朝一夕就能形成，需要教师在思想政治理论课教学中潜移默化地影响学生、指导学生，需要将大学生的理想信念教育与社会和个人发展结合起来，在思想政治理论课的教学全过程中贯彻社会主义核心价值观教育。高校思想政治理论课并非单单讲思想政治，其包含的专业很广，涉及的层面较宽，因此，高校思想政治理论课教师在进行课程教学改革时必须坚持价值性和知识性相统一，教师在向学生传授知识的同时，培养学生形成科学的"三观"，以理智地处理面临的各种社会现象和问题。

高校思想政治理论课如果单方面地强调价值性而忽视知识性就会变得空洞、说服力不够，如果一味地强调知识性而忽视价值性就会变得肤浅，使得学生的思想认识不透彻。因此，高校思想政治理论课教学改革必须坚持价值性和知识性相统一。

（三）坚持建设性和批判性相统一

社会发展日新月异，为高校思想政治理论课教学带来了机遇与挑战。意识形态工作环境的变化、开放式教学模式的采用以及国际思想文化的冲击，都使大学生的思想活动更加复杂。面对这些挑战，教学改革必须坚持建设性和批判性相统一。建设性指促进事态创新发展的性质，要求弘扬主旋律、传递正能量；批判性指有目的、自觉地对信念和行为进行评判的性质，要求敢于直面错误观点和思潮。批判性是建设性的前提，建设性是批判性的发展。教学改革应科学、客观、辩证地分析社会问题，在批判中坚持正确的立场、观点和方法。

（四）坚持理论性和实践性相统一

高校思想政治理论课的理论性体现在教学过程的逻辑性和科学性上，旨在用马克思主义理论铸魂育人，引导学生观察世界、分析问题。理论性是思想政治理论课的切入点、基本属性和内在规定性。同时，实践性也是教学改革的重要指导思想。理论性与实践性辩证统一，理论来源于实践、指导实践并接受实践的检验。学生要想将理论知识转化为能力，必须躬身实践。教学改革应注重知行合一，让学生在实践中学习真知、增长本领。

（五）坚持统一性和多样性相统一

高校思想政治理论课是为国家培养人才的重要保障。教学改革应兼顾统一性和多样性，将传统教学模式转变为具有针对性的新模式。统一性由课程的性质和地位决定，多样性则为课程注入活力。教学改革应科学合理地设置课程、制订教学目标，创新教学内容和方法，形成符合新时代需求的改革方案。

（六）坚持主导性和主体性相统一

推动教学改革，教师需发挥主导作用，将教学能力与学生的学习能力相结合，培养学生的探究精神和创新精神。同时，教师的教学态度也能影响学生的学习积极性。教师要发挥好主导作用，调动学生的积极性和主动性，让学生由知识的被动接受者变为知识的主动学习者。学生也应成为教学改革的主力军和主角，教师需引导学生积极分析问题、解决问题，提升学生的主动性和创造性。

（七）坚持灌输性和启发性相统一

教学改革应结合灌输性与启发性。知识传授是理论宣讲和价值引领的过程。教师既要传授系统的理论知识，又要通过启发方式调动学生的学习积极性。灌输性教学强调系统性的理论传授，启发性教学则注重引导学生发现问题、思考问题。教学改革应处理好灌输性与启发性的关系，将两者统一于教学活动全过程。

（八）坚持显性教育和隐性教育相统一

高校思想政治理论课教学内容丰富，教师需巧妙运用教学艺术。隐性教育能润物无声地达到预期的教学效果。显性教育是系统的知识灌输。教学改革应明确教学方向，丰富教学内容，探索多样化的教学方法，同时发挥思想政治理论课的隐性作用，实现立德树人的教学目标。

四、坚持与时俱进

高校思想政治理论课教学改革要坚持与时俱进，这是确保课程能够紧密对接并有效融入马克思主义中国化最新理论成果的关键所在。马克思主义中国化的最新理论成果，是马克思主义基本原理与中国新时代社会实际深度融合的智慧结晶。它不断吸收新的实践经验和理论养分，丰富和发展了马克思主义的理论宝库，这是马克思主义本身的要求所在。同时，高校思想政治理论课教学改革要顺应时代发展趋势，"因事而化、因时而进、因势而新"。

与时俱进，一方面要求高校思想政治理论课教师洞察时代的变化，另一方面还必须深刻地认识并总结历史发展规律，要顺时、顺势而变化。因此，高校思想政治理论课教学改革必须紧跟时代潮流与顺应时代发展趋势，充分运用互联网和现代信息技术手段，探索新时代高校思想政治理论课教学改革的新方法。只有这样，高校思想政治理论课教学才能达到科学性、针对性和实效性的目的。

五、坚持师生协同发展

在传统的高校思想政治理论课教学中，教师常作为课堂的核心与权威存在，而学生则多处于被动接受知识的地位，这种模式下，学生的学习主动性难以被激发，教学效果自然难以令人满意。为了显著提升课堂教学效果，增强思想政治理论课的实效性，教学重心逐渐向学生倾斜，倡导以学生为中心的教学理念。然而，无论是过分强调"教师"主体，还是片面突出"学生"主体，都与马克思主义关于人的全面发展理论相违背，同时也与思想政治教育的主体间性理论不符。

人的全面发展理论深入剖析了人的本质与社会关系的紧密联系，指出"人是一切社会关系的总和"，其本质属性深深植根于社会交往之中。此理论强调，个人全面发展的程度与其社会关系的丰富度直接相关，即个体在社会中建立的各类联系与互动越广泛、越深入，其全面发展的潜力就越大。人的全面发展是一个多维度、全方位的过程，其内涵随社会进步而不断丰富，涵盖了社会关系、能力以及需求等多个层面的发展。

主体间性理论则指出，在教育活动中，若仅存在单一的主体与客体关系，容易导致人与人之间的关系疏离与异化。教育者与受教育者之间若缺乏双向互动，将严重影响教学效果。该理论不仅肯定教育者与受教育者均为教育活动的主体，还强调两者之间的相互作用与关系。在教育过程中，通过交流与对话，教育者与受教育者能够拓宽视野、丰富认知，从而实现双方的共同成长与进步。这再次印证了马克思主义关于人的本质理论，即人的本质在社会关系中得以体现。

因此，从教育的整体视角来看，教育所追求的人的发展不仅限于学生，同样也包括教师的发展。"成人"不仅意味着"成就"学生，也意味着"成就"教师。在教育价值的取向上，若将"成人"目标仅局限于学生层面，将导致思想政治理论课教学陷入单一的"学生"主体论误区，这看似是对"教师"主体论的一种超越，实则陷入了师生"主—客"二元对立的困境。因此，高校思想政治理论课的教学改革应致力于破解这一困境，实现师生的协同进步。

那么，如何在高校思想政治理论课的教学改革与创新中贯彻师生协同发展的理念呢？这是一个值得深入探讨的问题。无论是教学内容的重新构建、教学方法的灵活选择，还是教学评价的全面实施，都应始终秉持师生协同发展的原则。在教学方法上，应特别重视实践教学的作用。各高校正积极探索理论与实践相结合、内外结合、线上线下融合的教学模式。为提升思想政治理论课的实效性，部分实践教学采用现场教学法，且这种现场教学既可由教师主导，也可由学生主导。通过现场教学这一桥梁，师生之间的距离得以拉近，信任得以增强，从而实现师生的协同发展与进步。

六、坚持遵循"三大规律"

高校思想政治理论课是高校思想政治教育工作的中心环节，是高校思想政治教育工作的主渠道，承担着培养社会主义事业合格建设者和可靠接班人的重任，是针对大学生进行的主流意识形态的思想理论教育活动，因此，高校思想政治理论课教学改革必须坚持遵循"三大规律"，即思想政治工作规律、教书育人规律和学生成长规律，不断提高教学改革的质量与水平。

（一）遵循思想政治工作规律

思想政治工作，作为无产阶级及其政党在革命与社会主义建设征程中的核心任务，旨在通过宣传、动员与教育等手段，引导并促进广大民众深刻认同、扎实掌握马克思主义的理论精髓、政治方向及政策导向，进而形成科学系统的理论体系。具体到高校层面，思想政治工作则蜕变为一场深入人心的解疑释惑之旅。它不仅聚焦于解答"培养什么人、怎样培养人、为谁培养人"的根本性问题，还致力于塑造学生的精神世界，激励他们既怀抱崇高理想，又脚踏实地，且勇于实践。高校思想政治工作规律，则是这一过程中不可或缺的指南针，它遵循着人类思想与行为变迁的内在逻辑与外在表现。规律是人们经过长期实践活动总结出来的，是不以人的意志为转移的，因此，不能违背规律，必须在坚持中发展，利用规律更好地开展工作。所以说，思想政治工作规律就是人们在长期进行思想政治工作当中总结出的、要做好此项工作必须遵循，这一规律为开展高校思想政治工作提供了科学指导。

党历来十分重视思想政治工作。思想政治工作既是党一切工作的生命线，也是高校一切工作的生命线，关乎全局发展。推进高校思想政治理论课教学改革必须遵循思想政治工作规律，要在社会主义办学方向上改革创新，这个根本方向不能够含糊。总之，遵循思想政治工作规律是推进高校思想政治理论课教学改革的前提，必须牢牢把握。

（二）遵循教书育人规律

教书育人是指教师不仅向学生传授专业知识和技能，还应以人格魅力、仁爱之心、道德品质影响学生，引导学生找到人生方向，努力实现个人价值和社会价值。教书育人规律揭示了教书与育人是不可分割的，两者在教学工作中相辅相成，既不能单纯教知识和技能，忽略价值上的引导，又不能脱离实际情况闭门思辨。

遵循教书育人规律是教师的职责和使命。教师肩负着教书与育人的双重职责，既要做"经师"，传道授业解惑，又要做"人师"，塑造灵魂、塑造生命、塑造新人。

（三）遵循学生成长规律

学生成长是一个复杂、动态的长期发展过程，大学生的成长是一个从幼稚到成熟，从依赖到独立，心理逐渐成熟的发育过程，也是一个复杂的社会关系适应与发展的过程。大学生的心智日益成熟，思维活动达到前所未有的活跃状态，大学时期恰是他们需要细致入微的引导与精心培育的宝贵时期。大学生成长规律正是对这一特定群体在成长道路上所展现出的重复性、本质性特征的深刻揭示。这一规律由多个相互关联、彼此影响的要素构成，它们共同编织成一张促进大学生成长成才的复杂网络。这些要素之间的互动与协作，是推动大学生不断向前发展、实现自我超越的强大动力。

大学生成长规律主要表现在三个方面：①在学习方面，求知欲望强烈但目标不够明确，渴望成才但存在功利色彩；②在心理方面，情感丰富但不稳定，意志品质明显增强但存在差异性和不平衡性的问题，自我意识增强但自律性不强；③在思想方面，理想信念不够坚定，意识到实现自我价值与社会价值的关系但不能有机地统一起来。高校思想政治教育工作归根结底是做人的工作，要把握住大学生这个特定群体的成长规律进行有针对性的教育。依据学习规律，要帮助学生明确学习目标，端正学习动机；依据心理规律，要注重增强学生的意志力，提高其自律性，还要对学生进行适当的人文关怀和心理疏导，引导他们始终保持积极向上的心态；依据思想规律，要加强理想信念教育，坚定马克思主义信仰和社会主义信仰，引导学生把自己的小我融入祖国的大我、人民的大我之中，与时代同步伐、与人民共命运，这样才能更好地实现人生价值、升华人生境界。

七、坚持着眼"三大目标"

在遵循"三大规律"基础上着眼"三大目标"，推动高校思想政治理论课教学改革，不断增强高校思想政治理论课的思想性、亲和力和针对性，让思想政治理论课成为学生真心喜欢、受益终身的课程。

（一）增强高校思想政治理论课的思想性

"思想"，作为人类独有的精神瑰宝，不仅蕴含着深邃的哲理，还具备无限的张力，激发着人们不断探索与思考。

具体而言，思想政治理论课这门课程如同一位充满智慧的导师，全面而深入地关怀着大学生的思想成长，确保他们在思想的每一个维度都能获得充分的滋养与启发。其根本使命，在于帮助大学生构建起一套科学、系统的世界观、人生观和价值观，不断提升他们的思想成熟度与深度，从而培养出既具有深厚的学识、又具有高尚品德的新时代青年。

它不仅仅是一门传授知识的课程，更是一个引导学生解决思想困惑、明辨是非、坚定政治立场与认同中国特色社会主义的重要平台。因此，这门课程在传授知识的同时，更注重对学生进行政治引导、思想启迪、价值引领与品德塑造，从根本上回答"培养什么人、怎样培养人、为谁培养人"的时代课题。

思想性是高校思想政治理论课不可或缺的灵魂所在。要深化这门课程的思想性，关键在于将马克思主义的价值追求融入教学的每一个环节。马克思主义，这一为人类自由和解放而奋斗的伟大理论，以其深邃的思想和科学的理论，为人类探索历史规律、寻求自身解放指明了方向。在教学过程中，教师应将这一主线贯穿始终，让学生深刻理解中国是如何在马克思主义的指引下，为实现人类的解放事业而不懈奋斗的。

首先，教师应将"为人类求解放"的崇高理想融入教学的全过程，生动讲述中国共产党自成立以来，如何始终坚守为无产阶级解放事业和人民福祉奋斗的崇高使命。从革命年代的烽火连天，到建设时期的波澜壮阔，再到改革年代的锐意进取，党始终将人民的利益放在首位，以人民为中心的发展思想贯穿始终。这一历史进程，不仅展现了党的初心与使命，也为学生提供了宝贵的思想资源。

其次，在深化课程思想性的过程中，应特别凸显习近平新时代中国特色社会主义思想的人民性特征。这一思想中，"我将无我，不负人民"的崇高情怀，是对中国人民做出的庄严承诺。在讲授马克思主义基本原理时，要强调马克思主义是人民的理论，其生命力源于与人民的紧密联系；在讲授毛泽东思想和中国特色社会主义理论体系时，要阐述人民是历史的创造者，是决定党和国家前途命运的根本力量，同时讲清楚"以人民为中心"的思想是与之一脉相承的；

在讲授中国近代史时，要揭示历史和人民选择马克思主义和中国共产党的历史必然性；在讲授有关思想道德与法治的内容时，则要着重阐述服务人民、奉献社会的价值追求，让学生深刻理解习近平新时代中国特色社会主义思想中的人民立场与人民情怀。这些内容的讲授，能够让学生真正感受到马克思主义与中国特色社会主义理论的温度与深度，从而更加坚定地信仰马克思主义、认同中国特色社会主义道路。

（二）增强高校思想政治理论课的亲和力

"亲和力"这一概念，原本植根于化学与生物学的沃土之中，而在《现代汉语词典》中，它被赋予了更为丰富的内涵——"两种或多种物质结合时的相互作用力"，以及"引人亲近、促人接触的力量"。在高校思想政治理论课的语境下，亲和力成了教学生命力的体现，它融合了教材、教师、教学内容与教学方法等多重元素的魅力，共同构筑起一种对学生具有强烈吸引力、感召力的融合力量。这种力量不仅促进了学生对思想政治教育的接受，更以其独特的情感认同机制，显著提升了教学效果。

然而，在实际教学过程中，我们不难发现，有时思想政治理论课似乎陷入了教师"独白"的困境，学生难以被吸引，甚至感到枯燥乏味。这一现象的根源，往往在于课程缺乏足够的亲和力，无法有效激发学生的兴趣。具体而言，这种亲和力的缺失主要体现在两个方面：一是部分教师的理论讲述缺乏魅力，他们往往拘泥于教材的条条框框，既缺乏对时事热点的敏锐洞察，也未能有效解决学生关切的实际问题，导致课程显得空洞无物、脱离实际；二是部分教师的人格魅力不足，他们难以营造轻松愉悦的教学氛围，在讲解理论时缺乏灵活运用网络热词等现代元素的能力，从而拉大了与学生的距离。

为了在教学改革中不断提升思想政治理论课的亲和力，我们需从以下几个方面着手。

首先，要夯实理论基础，让知识焕发魅力。高校思想政治理论课教师应成为终身学习的践行者，不断充实、拓展与提升自我。他们应深入学习马克思主义理论，特别是掌握习近平新时代中国特色社会主义思想，以此更新知识结构，应对时代挑战。同时，拓宽视野对于思政课教师而言同样至关重要。他们不仅需具备扎实的专业知识与学术基础，还应拥有广博的通用知识、深远的历史视野以及宽广的国际视野。这样的教师能够以其深厚的理论功底与完善的知识结构，多角度、深入地剖析问题，用理论知识回应学生疑惑，以宽广的视野引领学生探索知识世界，从而赢得学生的尊敬与仰慕。

其次，要注重自身修养，提升人格魅力。教师应努力成为学生的良师益友，以高尚的人格魅力感染学生、赢得尊重。这既要求教师具备高尚的道德情操，以身作则、以德立身、以德立学、以德施教；又要求教师怀揣仁爱之心，将温暖与大爱洒向每一位学生，用欣赏、信任与支持助力学生成长。在这样的严爱相济中，教师能够让学生"亲其师而信其道"，从而更加积极地投入学习中去。

最后，要锤炼教学语言，凸显话语魅力。语言的亲和力与感染力是教育对象内化知识并外化于行的重要桥梁。教师应注重教学语言的贴近性与通俗性。一方面，要紧跟时代潮流，巧妙运用网络热词等现代元素，以引起学生共鸣、活跃课堂气氛；另一方面，要将抽象的理论语言转化为通俗易懂的大众化语言，帮助学生跨越理论认知的障碍，真正领略到理论的魅力所在。通过这样的语言锤炼，教师能够进一步拉近与学生的距离，让思想政治理论课成为学生勇于探索的知识殿堂。

（三）增强高校思想政治理论课的针对性

针对性，简而言之，即事物所具备的明确指向性，它要求我们在面对不同对象时，能够采取恰如其分的措施，直击事物的要害与核心。在高校思想政治理论课的语境中，这种针对性的精髓在于紧密贴合学生的现实状况，深入洞察并积极回应他们的种种疑惑，从而实现教学内容与学生的精准对接，确保教学有的放矢。该课程的核心使命，在于培育出德智体美劳全面发展，能够担当社会主义建设重任的接班人。倘若缺乏明确的针对性，高校思想政治理论课便难以有效满足学生的个性化需求，进而影响到教学的整体效果。因此，强化课程的针对性，既是提升教学实效的关键路径，也是时代赋予我们的神圣使命，旨在培养出能够引领时代新风尚的青年才俊。

为达成这一目标，高校需紧密聚焦大学生这一特殊群体，为他们精心打造极具针对性的思想政治理论课程。在教学实践中，我们应始终秉持"围绕学生、关照学生、服务学生"的核心理念。

1. 以围绕学生为出发点

围绕学生，意味着我们要深入了解学生的所思所想、所需所求以及所喜所爱，并以此为基础开展有效教学。在教学内容的选择上，我们应积极采用专题研讨、互动讨论、案例分析等多元化的教学方式，深入挖掘教材精髓，紧密结合课程目标、社会热点以及学生普遍关注的时事问题，梳理出教学的核心要点进行深入剖析。

2. 以关照学生为关键点

关照学生，要求我们充分尊重学生的个体差异与独特性，平等对待每一位学生。鉴于大学生群体在地域、经历、认知及价值追求等方面的多样性，思想政治理论课教师应秉持一视同仁的原则，用平等、发展的眼光审视每一位学生，避免仅关注成绩优异者而忽视其他学生。教师应准确把握大学生的成长规律，给予他们充分的尊重、认可、鼓励与信任，特别是对于那些基础较为薄弱的学生，更应倾注耐心与关爱，切实履行教书育人的神圣职责。在教学目标的设定上，教师应围绕学生的全面发展，构建集知识增长、能力提升、人格塑造、境界提升于一体的目标体系，旨在增强学生的理论认知与理解能力，提升他们运用马克思主义立场、观点和方法分析解决问题的能力，引导他们树立正确的人生目标与远大理想。

3. 以服务学生为落脚点

服务学生，意味着高校思想政治理论课应致力于提升学生的思想水平、政治觉悟、道德品质及文化素养，助力他们健康成长。为实现这一目标，教师应根据学生的实际需求与喜好，灵活运用多种教学方法，激活课堂氛围，激发学生的学习兴趣与主动性。在思想层面，教师应引导学生明辨是非、坚守正道；在政治觉悟方面，要培养学生的爱国主义情感；在道德品质上，应着重培养学生的社会责任感与集体主义精神；在文化素养的提升上，则要引导学生坚定文化自信，抵御不良文化的侵蚀。这些举措能够确保高校思想政治理论课真正服务于学生的全面发展与健康成长。

第二节 高校思想政治理论课教学改革的基本原则

一、整体性原则和专题性原则

（一）整体性原则

"整体性"源于希腊语"holon"，意思是"子整体"。那么，如何理解"子整体"？"子整体"就是不只是整体，也不只是部分，而是由结合的整体所构成的世界不能简单地还原为其各部分的总和。哲学领域的整体性，如德国哲学家伊曼努尔·康德（Immanuel Kant）的先验哲学就具有"整体性"特征。"整体性"概念的集大成者是德国哲学家黑格尔（Hegel），他认为"整体性"是统摄一切自然精神和思维现象的存在。马克思主义哲学认为，一切事物都是内部各个要素之间普遍联系的整体。因此，用整体性视角来认识和把握事物是最基本的方法论原则。

那么，作为存在物之一的思想政治理论课教学也应当遵循这一原则。高校思想政治理论课教学的整体性来源于马克思主义的整体性和思想政治理论课教学实践活动的整体性。可以说，突出整体性，是增强思想政治理论课教学实效性，推动其教学改革的根本要求。

1. 明晰课程目标的整体性

高校思想政治理论课是一个整体，在本科阶段包含五门课程，这五门课程构成一个整体，其课程目标凸显整体性原则。《关于深化新时代学校思想政治理论课改革创新的若干意见》中明确课程目标的整体性，旨在全方位引导学生立德成人、立志成才，树立正确的世界观、人生观和价值观。坚定对马克思主义的信仰，坚定对社会主义和共产主义的信念，增强中国特色社会主义道路自信、理论自信、制度自信、文化自信，厚植爱国主义情怀，把爱国情、强国志、报国行自觉融入坚持和发展中国特色社会主义事业、建设社会主义现代化强国、实现中华民族伟大复兴的奋斗之中。值得注意的是，尽管整体性目标为各教育阶段提供了宏观指导，但并不意味着忽视了思想政治理论课在不同学习阶段的具体课程目标。

2. 实现教学内容的整体性

高校思想政治理论课的教学内容构成了一个紧密相连、相辅相成的有机整体，其中，马克思主义科学理论体系犹如一条主线，贯穿并统领着课程的核心内容。尽管五门课程各具特色，侧重点各异，但它们共同构筑了学生全面理解马克思主义及其在中国实践应用的知识体系。

通过学习，学生不仅能够深刻掌握马克思主义的世界观和方法论，还能深入了解中国革命、建设和改革开放的辉煌历程，同时对中国共产党的基本理论、基本路线、基本方略形成清晰认识。尤为重要的是，学生能系统地学习马克思主义中国化的理论成果，特别是习近平新时代中国特色社会主义思想，这是新时代中国特色社会主义的指导思想，也是学生必须掌握的重要理论武器。

此外，课程还致力于引导学生掌握马克思主义世界观、人生观、价值观、道德观和法治观等，培养学生的科学思维能力、道德与法律素养。通过五门课程的整体性学习，学生的马克思主义理论素养将得到显著提升，进而更加坚定"四个自信"，把爱国情、强国志、报国行自觉融入坚持和发展中国特色社会主义事业、建设社会主义现代化强国、实现中华民族伟大复兴的奋斗之中。

（二）专题性原则

专题性是课程专题教学的显著特征。专题性教学是针对教学内容和教学要求，以理论化、科学化、体系化与针对性、思想性、现实性相结合为原则，打破传统教材章节顺序进行授课的一种教学方式。

在针对高校思想政治理论课进行教学改革时，要充分考虑时代发展变化的现实需求、学生的成长规律、思想变化的实际特点等多方面要素进行统筹，适度打破思想政治理论课原有课程框架，按照思想政治理论的内在逻辑和理论体系的历史逻辑，对其中相近或相似的内容，或是有着紧密联系的内容进行拆分、组合和拼接，形成若干有着一定逻辑关系、内容相对独立但又彼此相互关联的专题模块进行授课。在专题模块内，由教师创设任务情景或是问题情景，以问题为纽带让学生运用已经学习的理论、原理或是规律进行探究式学习，学生由课堂教学主体向教学主导者转化，教师成为引导、点播的教学引导者，学生主动获取知识、解决问题、团队合作、能力培养等多方面的潜能被激发。

遵循专题性原则，可以有效解决高校思想政治理论课教学改革过程中存在的诸多问题、矛盾；在促进教师打破原有知识体系，构建新的逻辑框架和内容重构的同时，学生能够突破原有知识条块分割的限制，迅速转换角色定位；课程教学向课前进行延伸，可以提升学生自主学习的兴趣。课堂教学以讲授知识逻辑、答疑解惑为主，以学生的合作分析、问题研讨、答案呈现和知识输出为主要内容，学生有了充分表达观点的自由，质疑、提问、探究、讨论和分析等都能够实现，学生不再是知识的被动接受者和被灌输者，而是教学的主导者、教学任务的完成者、教学目标的协作者、问题的解决者。学生的广泛参与和热情投入，极大地提升了思想政治理论课的实效性，增强了思想政治理论课的针对性和感染力，真正实现了高校教学的目的。

二、主体间性原则和驱动性原则

（一）主体间性原则

主体间性，这一理念在当代中西哲学的广阔视野中熠熠生辉，其源头可追溯至德国哲学巨匠胡塞尔。胡塞尔首次提出了"主体间性"的概念，他主张，每个个体都是一个独立自主的"自我"，这些"自我"之外，还并存着其他同样独立的"他我"。正是通过共享一个共同的世界，这些"自我"与"他我"，即多个独立个体得以融合为一个紧密相连的共同体。如此，传统的单一主体性观念便演进为了更为丰富的主体间性。主体间性，本质上揭示了主体间相互关系中的内在规定性，体现了人与人之间的和谐统一。

近年来，高校思想政治理论课的教学实践已逐渐摒弃了教育者单一主体的传统模式，尝试通过多种教学方法来彰显受教育者的主体地位，然而成效却各不相同。为了让受教育者在课程中真正成为学习的核心，主体间性理论的引入显得尤为迫切。该理论不仅强调教育者与受教育者均为平等的主体，更着重于两者间的互动关系。在教育者与受教育者的交流与对话中，双方的视野得以拓宽，认知体系得以丰富，从而实现共同的成长与飞跃。毕竟，人的本质乃是社会关系的总和，唯有在社会关系的网络中，人的本质才能得以充分展现。

因此，高校思想政治理论课教学模式的构建与改革创新，应当牢牢把握主体间性的核心理念。一方面，要确立教育者与受教育者双主体的地位；另一方面，要确保两者间的平等对话、交流与沟通，使教学活动成为双方共情、共感的沃土，从而催生出更加优异的教学效果。当然，主体间性理论也警示我们，高校思想政治理论课教学在面对外部社会需求时，既不应盲目跟风、简单顺从，也不应冷漠以对、无动于衷。相反，我们应持有一种理性的批判态度，对社会发展保持适度的先导性乃至规范性，积极介入并推动社会生活的进步与发展，避免教育者与学生沦为被动的"工具人"。可以说，基于主体间性理论的高校思想政治理论课教学模式，不仅有助于提升思想政治教育的可接受性，还能丰富其教学方法体系，推动教学实践实现从"对象化的活动"向"主体间性的交往"的深刻转变，最终实现"成人"这一教育的根本目标。

（二）驱动性原则

在高校思想政治理论课的教学改革进程中，我们应高度重视课前学生对基本理论的掌握情况。为此，教师应提前精心规划项目计划，并将教学目标巧妙地融入项目之中。通过项目驱动的方式，学生在课堂上能够积极参与交流讨论，展开自主探究，自主构建知识框架。而在课后，学生则能反思项目布置与实施过程中的所得所感。

三、借鉴原则和守正创新原则

（一）借鉴原则

在高校思想政治理论课教学改革中强调借鉴相关学科的理论成果，用系统的、全局的视野来研究高校思想政治理论课教学的质量问题。进行学科建设不但有利于实现新时代下高校思想政治教育的发展创新，而且对研究者能力的提高也有着至关重要的作用。

1. 对教育学的借鉴

思想政治教育学与教育学，两者同根同源，均植根于教育科学体系的沃土，共同构筑了教育科学体系的坚固基石。

（1）借鉴教育学揭示教学规律的理论

教育学明确指出了教学过程中的客观规律，这些规律如同自然法则般，不受主观意志的左右，是教学本质联系的体现。

首先，我们需把握传授知识与思想政治教育相融合的艺术。在高校思想政治理论课的讲台上，教师的每一句话、每一个动作，乃至其个人品质与风范，都如同细雨润物，悄然影响着学生的心灵世界。因此，教师应以严谨的治学态度、知行合一的生活哲学，以及言行一致的高尚人格，成为学生思想道德成长的引路人。

其次，我们要认识到知识积累与智力发展相辅相成的重要性。知识与智力、能力之间，存在着一种微妙而深刻的辩证关系。片面强调任何一方，都可能导致教育的失衡。思想政治教育应顺应教育学的基本规律，既重视马克思主义基本理论知识的系统传授，又注重通过实践活动，将知识转化为学生的实际能力，实现知识与智力的双重飞跃。

最后，我们还需领悟教师主导与学生主体相得益彰的精髓。在教学过程中，教师应如灯塔般引领方向，按照教育的客观规律，启发、引导学生主动探索、认识世界，并付诸实践。教师的主导作用与学生的主体地位并不是对立的，而是辩证统一的。教师应尊重学生的主体性，激发学生的内在动力，让教学成为师生共同成长的舞台。

（2）借鉴教育学论述教学方法的理论

教学方法，作为连接教师与学生、促进教学目标实现与教学任务完成的桥梁，是教学过程中不可或缺的方式与手段的集合。它涵盖了教师传授知识、技能与思维方式的策略，同时也包含了学生在教师精心指导下，主动探索、内化学习内容的路径。在教育学领域中，众多经过实践验证、被证明高效的教学方法，为高校思想政治教育提供了宝贵的参考与借鉴价值。

第一，讲授法。作为一种重要的教学手段，讲授法的核心在于教师借助口头语言这一媒介，为学生生动地描绘学习情境，翔实地叙述事实经过，清晰地解释学科概念，严谨地论证理论原理，并系统地阐明科学规律。这一方法不仅历史悠久，且因其广泛的应用范围，成为教育实践中不可或缺的一部分，往往需要与其他教学方法相互融合，共同促进教学目标的达成。在高校思想政治理论课的教学舞台上，讲授法依然占据着举足轻重的地位。这就要求教师高度重视并不断提升自身的口头讲授技巧与教育能力，以期获得良好的教育效果。

第二，参观法。参观法是根据教学目的和教学任务的要求，组织学生到校外场所学习，使学生通过对实际事物和现象的观察、研究获得新知识的方法。高校思想政治理论课教师要勤于研究学生的学习特点，借鉴参观法的特点，开展革命传统教育、正反典型教育、改革开放成果展等活动，使思想政治教育活动的形式更生动，取得富有成效的教学效果。

2. 对政治学的借鉴

（1）借鉴关于国家与政党的学说

国家学说和政党学说是政治学的主要内容，马克思主义的国家学说和政党理论是确定高校思想政治教育任务和内容的重要依据。

第一，国家的起源、本质、职能与消亡。国家是一个历史范畴，是经济发展到一定阶段使社会分裂为阶级时产生的，它是阶级矛盾不可调和的产物。国家的本质是经济上占统治地位的阶级进行统治的工具。国家具有对内职能和对外职能。国家的对内职能有政治职能、经济职能和社会职能。国家对外具有保卫国土不受侵犯的职能，同时也有进行国际交往、参与国际政治和经济事务的职能。马克思主义认为，国家不是永恒的，随着阶级的消灭，国家也将不可避免地消失。国家消亡的经济基础是共产主义的高级阶段，是一个漫长的历史过程。

第二，政党的概念和分类。政党，作为特定阶级、阶层或集团的利益代表，是由该群体中最为积极活跃的成员所构成的集合体。它们共享着明确的政治主张，采取协同一致的行动策略，旨在争取并稳固政治权力。这种组织不但结构严密，而且纪律严明，是政治领域中的重要力量。在探讨政党的分类时，我们可以依据多种标准来进行划分。其中，根据阶级属性和阶级基础，政党可分为无产阶级政党和资产阶级政党；以是否掌握政权为标准，政党可分为执政党、反对党、在野党、参政党；以法律地位为标准，政党可分为合法政党和非法政党；根据活动范围，政党可分为国内政党和跨国政党联盟。

（2）借鉴政治学关于政治生活内容的理论

人是在具体的政治生活中不断提高自己的思想政治素质的。借鉴有关政治生活内容的理论，如政治秩序和治理、政治参与和监督等，有助于高校思想政治教育学全面而深入地研究学生所处的政治生活环境，确定思想政治教育内容，完成高校思想政治教育任务。

3. 对心理学的借鉴

心理学是研究人的心理现象、心理过程、个性心理及其发展规律的科学。人的思想品德的形成过程，也是一种心理活动的过程。因此，心理学对研究高校思想政治教育规律有着重大的意义。心理素质是思想道德素质的基础条件和构成要素。马克思主义心理学是形成我国思想政治教育工作科学方法的重要依据。

（1）借鉴心理学关于心理活动过程的理论

心理学研究的对象是人的心理现象。心理现象是心理活动过程和个性心理的统一体。心理活动过程，作为人类内在思维与情感演进的轨迹，涵盖从认知萌芽至情感涌动，再到意志锤炼的全过程。这一过程不仅揭示了心理活动的普遍法则与基本特性，还深刻体现了人类精神世界的复杂与多彩。心理学领域尤为重视认知、情感与意志三者间的和谐共生与协同训练，认为这是塑造健全人格与高尚品质的基石。就高校思想政治教育而言，对于大学生思想品德素质的培养被赋予了前所未有的重视。"晓之以理、动之以情、导之以行、持之以恒"的教学理念，正是深刻汲取了心理活动过程的理论知识精髓，并将其巧妙地融入了教学实践之中。

（2）借鉴心理学关于个性心理形成与发展的理论

第一，需要与动机理论。需要与动机理论认为，人的一切行为都是受本能需要的直接刺激而产生的。虽然人有满足自己需要的本能，但是大多时候都是从理性的角度考虑自己的需求以及动机的，因此，人们能够自觉调整自己的需要、动机和行为。心理学关于需要的理论告诉我们，在当前的社会条件下，最大限度地满足人们日益增长的物质需要和精神需要，是高校思想政治教育者应该考虑的内容。如果脱离了满足人们物质需要和精神需要这一基本原则，高校思想政治教育工作就会缺乏吸引力和说服力，从而影响教育效果。从事高校思想政治教育工作的管理者，在进行高校思想政治教育工作的安排和规划时，要对大学生的心理特征及其个人需求进行透彻的分析和了解，从而有针对性地设计思想政治教育内容，争取获得最好的教育效果。

第二，个性心理形成和发展理论。心理过程与心理活动是每个人都有的，但同样类型的心理过程或心理活动体现在每个人的思想与行为上都存在一定的差异，一般可以将这些个体差异的表现称为个性心理。它是个体身上表现出的比较稳定的一种心理特征，具有模式化、固定化的基本特征，对行为研究有一定的参考作用。无数的教育实践证明，深入研究并把握个性心理及其形成和发展规律，对因材施教、开发人的潜能具有重大意义。个性心理的形成和发展，实则是一场由多重因素交织共舞的精彩剧目。它根植于个体的遗传基因，为一切变化提供了可能。然而，真正的演绎离不开环境与教育这两大外部力量的精心布置与引导。在这一过程中，个体自身的积极性与创造性如同舞台上的主角，通过丰富多彩的社会实践活动，不断塑造并丰富着自己的个性心理面貌。高校作为培养社会栋梁的重要阵地，其思想政治教育应深刻认识到个性心理形成和发展理论的深远意义。教育者需细致入微地探究那些影响大学生个性心理的因素，从而更有针对性地设计教育活动，从而大幅提升教育的实效性与吸引力。

4. 对伦理学的借鉴

作为一门深入探索道德世界的科学，伦理学的核心在于剖析道德的起源、本质，以及道德关系间错综复杂的演变规律。它不仅关注道德修养的内涵与外延，还细致研究道德教育所应遵循的内容、原则与策略，旨在为人类社会的道德建设提供坚实的理论支撑。在伦理学的广阔领域中，马克思主义伦理学以其独特的视角和深刻的洞见，揭示了共产主义道德形成和发展的基本原则、内在规律及行为准则。这些理论成果不仅为思想政治教育学构筑了坚实的理论基础，也成为该学科研究不可或缺的重要组成部分。

（1）借鉴伦理学关于道德人成长过程的论述

英国古典经济学家亚当·斯密（Adam Smith）提出了"经济人"的假设，这一假设虽以人的自利性为基点，却并未将其绝对化。斯密认为，人性中不仅蕴含着对自我利益的追求，也潜藏着深厚的同情心与道德情操，即人也是道德的存在。伦理学领域内关于道德人成长路径的深入探索，为高校思想政治教育工作指明了方向，尤其是针对大学生这一关键教育群体。

第一，道德人的形成。道德人的形成经历了漫长的过程。人的自我认知水平与个体最初的表现是一致的。个体的内在自觉性是实现个体对道德追求的动因，同时，个体生活的社会条件也会对其道德水平产生重大的影响，这些都会使个体道德从萌芽状态逐渐走向苏醒。当个体的道德觉醒达到一定的程度时，道德人就形成了。高校思想政治教育在研究教育对象道德意识觉醒和达到社会所要求的道德水平方面，应遵循道德人形成的原理。

第二，道德的自律与他律。这是一个持续的过程。在这个过程中，道德质的飞跃逐渐由他律转变为自律，道德主体会用一些内化了的自己认为正确的道德原则，来约束或调整自己的思想与行为。自律是人真正实现道德的结果。自律的人是道德的人，是一个有稳定和明确人格的人。道德人成长过程中的自律与他律的关系，说明思想政治教育一定要引导教育对象自觉提高自身思想政治素质和道德水平，真正实现教育目的。

（2）借鉴伦理学关于道德教育的过程理论

道德教育过程是一个精心策划、系统实施的过程，旨在通过有组织、有计划、有目标的教育方式，引导个体在日常生活实践的土壤中，逐步培养个体的道德品质、意志和信念，直至形成稳固的道德习惯。这一过程精妙地融合了五个核心环节：深化道德认识，让理性之光照亮道德之路；锤炼道德意志，以坚韧不拔之心抵御诱惑；陶冶道德情感，让善良与爱心成为内心的旋律；确立道德信念，使之成为行动的指南针；培养良好的道德习惯，让美德成为生活的常态。在我国，思想政治教育的重要使命之一，便是将社会主义与共产主义的道德原则与规范，内化为个体的精神品质，成为人们行动的自觉。在这一过程中，伦理学关于道德教育过程的深刻理论，无疑为思想政治教育过程论的研究提供了宝贵的借鉴。

第一，陶冶道德情感。要培养人的道德人格，必须从培养一个人健全的道德情感开始。有了某种道德认识，并不一定会有相应的道德情感。教师只有在现实生活中引导学生长期对比大量善与恶的事例，让学生深受感染，才能让学生形成比较稳固的道德情感。

第二，确立道德信念。让学生确立道德信念，这是道德教育的中心环节。这个环节是以其他三个环节为基础的。有了坚定的道德信念，也就有了精神支柱，人的道德人格才能初步建立起来。

（二）守正创新原则

高校思想政治理论课的建设与改革，是一段在"守正"与"创新"之间交织的舞蹈，它贯穿理论体系向教材体系、教学体系，乃至学生认知体系和信仰体系转化的全过程。教学既要遵循一定的法则，又不能拘泥于固定的模式，其精髓在于得法，旨在提升教学质量，引领学生树立正确的世界观、人生观、价值观，坚定"四个自信"。

1. 守正

高等教育的核心在于教学质量，而课堂教学则是这一核心的直接体现。从教材的精挑细选到教学方法的不断创新，从师资队伍的精心培育到学科体系的逐步完善，再到教学管理的高效运作，所有这些努力最终都汇聚成教学质量的璀璨光芒。课堂教学如同一面明镜，映照出整体教学水平的全貌及存在的问题。因此，深入研究并解决课堂教学中存在的问题，成为提升教学质量的关键所在。

（1）用好教材，增强理论说服力

高校思想政治理论课是思想观念的传播阵地，教师通过深入解读马克思主义理论和中国特色社会主义实践，引导学生理解、认同并接受主流意识形态。为了更有效地传播马克思主义，我们必须坚守正道，勇于创新，准确把握马克思主义的精髓和马克思主义中国化的最新理论成果，让学生在真理的光芒中深受启迪。

统编教材为规范化教学提供了坚实的基石，但教师不应仅仅满足于照本宣科，而应通过教学艺术的转化，将教材体系巧妙地融入学生的认知和信仰体系之中。关键在于增强理论的说服力，将马克思主义的道理讲得清晰、深刻、透彻，触及学生的心灵深处，使他们真正懂得、真心信服，从而实现教材体系向学生认知和信仰体系的转化。

（2）加强集体备课，提升课堂教学质量

集体备课不仅是提升教学质量的有效途径，也是新时代高校思想政治理论课建设的必然要求。对于集体备课，高校教师应做到以下几点。

一是深入钻研教材，通过集体智慧的碰撞，深化对教材的理解，提高课堂的吸引力。

二是全面了解学生，把握教学对象的思想特点和认知规律，为因材施教奠定坚实的基础。

三是精选教学案例，从历史与现实、国际与国内、理论与实践的多维度出发，挑选出能够提升教学效果的生动案例。案例教学要讲好中国共产党的辉煌历程、中国特色社会主义的伟大实践以及人类命运共同体的美好愿景，让这些故事在学生心中生根发芽。

2. 创新

在遵循传统"实体课堂"的基础上，我们可以进一步拓展课堂形式，打造"行走的课堂""空中课堂"乃至"记忆课堂"，让思想政治理论课焕发新的生机与活力。

（1）上好"实体课堂"

"实体课堂"作为高等教育体系中的关键组成部分，特指高校思想政治理论课这一必修课程体系。其构建严格遵循教育部门的规范与要求，旨在为学生提供全面而深入的思想政治教育。在本科阶段，学生需系统学习"马克思主义基本原理""毛泽东思想和中国特色社会主义理论体系概论""中国近现代史纲要""思想道德与法治""形势与政策"；而对于专科阶段的学生而言，同样重视思想政治理论课的教育功能，需学习"毛泽东思想和中国特色社会主义理论体系概论""思想道德与法治""形势与政策"等必修课。

（2）打造"行走的课堂"

"行走的课堂"是指在实践教学中深化理论学习，学深悟透习近平新时代中国特色社会主义思想。"行走的课堂"要面向不同的对象确立不同的研修主题。面向思想政治理论课教师，举办主题学习实践班，以"精准助困""科技创新""从严治党""社区管理""生态环境"等为主题，组织骨干教师开展研修。面向哲学社会科学教师，举办教学科研骨干研修班，以"追寻习近平总书记的足迹"为主题，梳理习近平总书记考察指导过的地方，组织教师开展主题实践研修。面向大学生，组织实践小分队，分赴全国各地开展实践调研。研修活动将思想政治理论课课堂与实践有机结合起来，并且实践研修报告和鲜活的素材会反哺课堂教学，丰富教学案例，促进师生对习近平新时代中国特色社会主义思想的理解和认同。

（3）推出"空中课堂"

"空中课堂"指借助新媒体技术手段，通过音频、网络等形式向大众传播习近平新时代中国特色社会主义思想。例如，上海高校在思想政治理论课教学改革实践中，曾开设以"奋斗吧，我和我的国！"为主题的音频直播课，课程共分十讲，内容集中阐述传播新时代思想，紧密贴合新时代发展主题，切中大众关注的现实问题，如"新时代全面从严治党"阐述治国理政思想，"中国主张，世界回响：读懂'人类命运共同体'"解读共建"一带一路"倡议，"同呼吸共命运，环境治理与美丽中国"倡导绿色发展。教师团队具有多元学科背景、教学经验丰富的特点，成员包括高校党政领导、教学名师、一线思想政治理论课教师。上课地点为社区党建中心、企业职工活动室等，面向大众授课。"空中课堂"让思想政治理论课走出了校园，打造了生动、有用、边走边听的课堂，特别是以音频、视频形式将党的创新理论讲给了社会大众，更好地传播了马克思主义中国化最新理论成果，讲好了中国改革开放伟大故事，向社会辐射了党的科学理论魅力。

（4）铸造"记忆课堂"

"记忆课堂"是指在毕业季，邀请高校党委书记、劳动楷模、校友、优秀学子走上讲台，为毕业学子量身定制毕业生思想政治理论课。在每年的毕业季，抓住毕业生在校的最后时刻，量身定制毕业生思想政治理论课，将校园情怀、师长关爱、理想信念烙进大学生记忆深处，激励大学生担负起新时代青年人的责任与使命。

"记忆课堂"抓住高校思想政治教育关键敏感期，将新时代思想融入大学生心灵深处，形成思想政治教育印刻效应，取得积极成效。

四、民主原则和层次性原则

（一）民主原则

民主原则是在长期的高校思想政治理论课教学实践过程中形成和发展起来的，是思想政治理论课教学改革的基本原则之一。

高校思想政治理论课教学改革所秉持的民主原则，是在民主集中制框架内，积极倡导并践行民主精神、作风与方法的核心体现。民主原则强调，在实施教育过程中，对于任何思想层面的议题，都应坚决摒弃压制与强制的手段，转而深入贯彻"百花齐放、百家争鸣"的"双百"方针，鼓励开放交流与思想碰撞。具体而言，民主原则涵盖了民主态度与民主方式两大维度，进一步细化为民主意识、民主作风及民主方法三个层面的实践。从本质上说，民主原则实质上是一种疏与导相结合的教育策略。它要求教育者以民主的态度为基石，运用民主的方式，针对受教育者的思想困惑与问题，进行耐心细致的疏通与正面积极的引导。

高校思想政治理论课教学改革的民主原则体现了教育者与受教育者的平等性，是马克思主义平等观在思想政治理论课教学中的具体运用。要有效贯彻与坚持这一原则，必须注意以下几个问题。

1. 树立正确的观念

人的观念是行动的基础。在高校思想政治理论课教学中，教育者只有树立了正确的观念，才能落实民主原则。从这个意义上说，树立正确的观念是坚持和贯彻民主原则的基本前提。

首先，树立正确的群众观。历史唯物主义认为，人民群众是历史的创造者。思想政治教育者在工作中，要有尊重人民群众、尊重教育对象的基本立场，也要有向人民群众、向教育对象学习的基本态度。这就要求教育者做工作、办事情，既要相信群众、尊重群众，也要依靠群众，从群众中来、到群众中去，决不能无视群众、主观武断。具体来说，要鼓励人们积极思考、畅所欲言，对正确的意见要注意吸取，并努力实现；对不正确的意见要耐心引导，给予必要的批评和帮助。

其次，树立正确的平等观。树立正确的平等观，是坚持高校思想政治理论课教学改革民主原则的一个重要方面。从根本上说，在高校思想政治理论课教学中，教育者与教育对象互相尊重是最基本的要求。在教育领域内，首要强调的是教育者与教育对象之间人格的平等，这是构建积极互动关系的基础。同时，在高校思想政治理论课的教学互动中，双方的目标高度统一，即共同致力于促进人的全面发展，旨在将教育对象培养成为适应社会需求、具备良好素质的人才。进一步而言，平等不仅是教育伦理的基本原则之一，也是思想政治理论课教学规律的内在要求。思想政治理论课的教学核心在于引导学生形成与社会发展相契合的思想观念与道德规范。这一过程并非单向灌输，而是深受外界客观环境与个体主观因素双重影响的复杂过程。人的思想和道德观念的形成与发展，是一个主动筛选、积极接纳的过程。在这之中，高校思想政治教育者任何不平等的做法，都会影响和制约教育对象正确思想和道德的形成与发展。高校思想政治理论课的教学过程，从一定意义上说，实际上是教育者和教育对象之间的信息和情感的双向交流活动。这一活动的前提，是双方对平等人格的认同和尊重。在这个基础上，通过交谈、讨论来相互启发、相互补充，使认识逐步深入，最后达成共识。

2. 运用民主讨论方式有效疏导

疏导是高校思想政治理论课教学的基本手段之一。但是，不同的环境和采取不同的方式进行疏导，其教育效果是有区别的。这就要求在高校思想政治理论课教学改革过程中，一是创造宽松的环境、和谐的氛围，即要营造民主氛围；二是运用民主讨论的方式进行教育和疏导。高校思想政治理论课教学工作作为教育人的工作，必然要以理服人、摆事实、讲道理，而且要耐心细致。只有做好这两个方面的工作，受教育者才能够自愿接受教育，自觉地与教育者进行交流与沟通。

3. 坚持民主原则内涵与外延的统一

在高校思想政治理论课教学改革中，民主原则的内涵是指思想政治理论课教学本身是一个民主化的过程，也是推动社会民主政治发展的过程；其外延是指在思想政治理论课教学中要以高度的民主意识，坚持民主作风，采取民主方法。教育者只有把它们统一起来，才能形成整体效应。

4. 把民主与集中有机结合起来

从民主与集中的关系来看，民主是集中的基础，集中是民主的升华。因此，在高校思想政治理论课教学中如果离开民主，采取压制、强迫和堵塞的方法，就是导而不疏；如果离开正确集中的指导，采取自由放任主义或无政府主义的方法，就是疏而不导。

5. 增强思想政治理论课教学的透明度

增强高校思想政治理论课教学的透明度，是坚持民主原则的基本要求之一。因为，在高校思想政治理论课教学中仅仅由教育者对受教育者进行教育是不够的，还应该引导受教育者自觉参与到思想政治理论课教学中，进行自我教育。因此，高校思想政治理论课教师对某一时期思想政治理论课教学所要解决的问题，尤其是涉及学生切身利益的事情，应该而且有责任告诉学生，引导学生思考并积极参与解决问题。

（二）层次性原则

在现实生活中，人们在思想道德、观念意识、行为方式等方面不可能是完全一致的，相反，会呈现出巨大的差异。在高校思想政治理论课教学中只有认识和把握这种差异，才能进行科学决策。

层次性原则，在高校思想政治理论课教学改革的语境下，强调了一种深入细致、因材施教的教育策略。具体而言，它要求在推进教学改革时，必须紧密贴合教育对象的个性化特征，充分考量其多样化的思想状况与认知水平。基于此，应实施差异化、分层次的教学方法，确保每位学生都能在适合自己的学习节奏与学习难度的条件下成长与进步。

简言之，在高校思想政治理论课教学改革中应用层次性原则，就是倡导一种灵活多变、精准对接的教学模式，即根据受教育者的具体情况，实施有针对性的分层次教育。其实质就是承认受教育者之间存在差异，并根据受教育者的不同层次，做到因人、因事、因时、因地制宜，选择相应的内容与方法进行有的放矢的教育，加强教育的针对性。具体来讲，要针对每个人的不同情况去做思想工作。

总之，在坚持层次性原则的过程中，必须遵循一些基本的要求。

1. 正视差异

在思想意识领域，人们的思想存在着差异是绝对的，一致是相对的，这是符合人的思想的形成和发展规律的。这是高校思想政治理论课教学存在的客观基础。因此，在思想政治理论课教学改革中，要承认差异，并正确对待差异。但要明确的是，正视差异不是迁就和包庇错误，不是容忍，更不是鼓励错误思想，而是求实态度的体现，是进行思想政治理论课教学改革的起点。

2. 注重方式

在高校思想政治理论课教学改革过程中，要对不同类型、不同层次的教育对象采取不同的教育方式。在高校思想政治理论课教学改革过程中，对教育对象不能随意指责，要善于引导与沟通。当然，在这之中，也不乏实事求是的严厉批评。只有对处于不同思想层次的人采取不同的教育方式，增强针对性，才能提高教育的效果。

五、"以尊重为前提"原则

"以尊重为前提"原则的核心思想之一就是强调以学生为中心，为学生赋能，充分激发学生这一参与主体的潜力，以期形成一种发展型引导教育。在高校思想政治理论课教学工作中，"以尊重为前提"这一原则同样适用于高校思想政治理论课的教学实践，尤其是在学生的自主性、能动性持续提高的情况下，采用赋能和引导等方法能够更好地激发学生的自主能动性，从而有效构建双向互动、和谐共生的思想政治教育新格局，推动学生的幸福感和获得感有效提升，进而增强高校思想政治理论课教学的实效性。

此外，尊重每位学生的独特性与差异性是"以尊重为前提"的基本精神，也是高校思想政治理论课教学改革过程中强调的首要原则之一。每个人都希望被尊重，也愿意尊重他人。"以尊重为前提"原则非常重视教育者对受教育者表现出的发自内心的尊重与理解，同时教育者不会对受教育者随意评价。当受教育者感觉自己受到尊重时，他们往往会实现自我尊严感与个人价值感的有效提升。传统的高校思想政治理论课教学是教育者对受教育者的单向灌输，受教育者被视为教育的客体和被教育的对象，因此，一般情况下，教育者缺乏对受教育者的尊重，对受教育者的需求和心理活动关注较少。深入研究受教育者的需求和特点，实质上是为了了解和掌握受教育者的思想发展情况，倾听受教育者内心的真实想法，从而基于此制定切实可行的教育目标，选择贴近学生、贴近生活、贴近实际的教学内容和灵活、丰富的教学方式。

六、"采取积极正向的态度"原则

"采取积极正向的态度"是高校思想政治理论课教学改革过程中需要遵循的重要原则。其是指聚焦于正向的、积极的方面，强调探索以往的、正向且积极的经验，挖掘各方面内蕴的优势力量，并以此与高校思想政治理论课教学体系相连接，使高校思想政治理论课教学体系的内在资源得到充分利用。有学者指出，与其耗时费力、徒劳无功地寻找问题成因，不如直接聚焦目标，深入挖掘可以利用的、内在的资源和潜力，探寻正向的、朝向未来的积极观点。

另外，高校思想政治理论课也会运用一定的物质手段和精神手段，并通过激励的方式充分调动受教育者的内在积极性，自觉将组织目标内化为个人目标，并为之奋斗。在多数情况下，教师往往会使用赞美、鼓励等方法增强学生的信心与动力。这也属于"采取积极正向的态度"这一原则的有效运用。以积极的教学方式教育学生，从而充分激发学生的内在潜能，也是高校思想政治理论课教学体系建设与改革中不可忽视的方面。

七、"循序渐进地调整"原则

高校思想政治理论课教学改革遵循"循序渐进地调整"原则，易于促使教学体系的改变为大学生所接纳与理解，同时帮助教师制定切实可行的教学目标，遵循教学规律、思想政治工作规律、学生成长规律，从而减少高校思想政治理论课教学实践活动中的阻力，形成教育合力，实现高校思想政治理论课教学过程的良性循环。

此外，不能忽视"一小步"改变在高校思想政治理论课教学改革中的重要性。在一般的思想政治教育体系建设中，很多人都会期待在短时间内获得巨大成效或者是跨越性进步。但事实上，成功的背后都是许许多多的"一小步"改变。同样地，高校思想政治理论课教学改革也涉及多个方面，并非立刻就能跟上时代发展的步伐。当设定的改革目标过高、过难，有可能会导致教学改革方案的不切实际。相反，当循序渐进地进行调整时，就会像滚雪球一般产生更多的改变。

第五章　高校思想政治理论课
教学改革的基本要素

高校思想政治理论课作为培养大学生思想政治素质的主渠道和核心课程，其教学改革显得尤为重要。为了适应新时代的发展要求，提高思想政治理论课的针对性和实效性，有必要深入探讨其教学改革的基本要素，以推动课程体系的不断完善和发展。本章围绕高校思想政治理论课教学内容改革、高校思想政治理论课教学方法改革、高校思想政治理论课教学模式改革、高校思想政治理论课教学评价改革等内容展开研究。

第一节　高校思想政治理论课教学内容改革

一、高校思想政治理论课教学的主要内容

新时代，高校思想政治理论课教学的主要内容包括马克思主义教育，基本国情和形势与政策教育，世界观、人生观和价值观教育，道德观和法治观教育，以及历史观教育等。

（一）马克思主义教育

在新时代背景下，高校思想政治理论课中的马克思主义教育承载着重要的历史使命，它涵盖了马克思主义立场教育、观点和方法教育等多个维度，旨在培养具有坚定社会主义信念和辩证思维能力的时代新人。

1.马克思主义立场教育

在社会主义市场经济蓬勃发展的今天，马克思主义立场教育显得尤为重要。它不仅是捍卫高校思想政治理论课教学阵地的有力武器，更是坚定学生社会主义信念的基石。马克思主义作为无产阶级和人民群众的思想指南，其鲜明的党性和阶级性要求我们在教学中要始终坚守这一立场。面对复杂多变的社会环境，我们

必须坚定不移地用马克思主义占领思想高地，巩固和发展社会主义意识形态，坚决与各种错误思潮作斗争。

坚定中国特色社会主义信念，是新时代马克思主义立场教育的核心任务。我们应充分认可社会主义所取得的辉煌成就，深刻理解中华民族伟大复兴与社会主义稳步前进之间的内在联系，展望社会主义必然胜利的美好未来。因此，强化中国特色社会主义信念教育，对于引导学生认识并坚信中国特色社会主义道路的光明前景，具有不可估量的价值。

2.马克思主义观点和方法教育

辩证唯物主义和历史唯物主义的世界观，构成了马克思主义的核心观点，而以此为基础的方法论，则是我们观察、分析和解决问题的有力工具。在新时代背景下，推广和深化马克思主义观点和方法教育，对于提高学生的辩证思维能力至关重要。这不仅意味着要教会学生如何辩证地审视传统观念，理性评估新兴观念，审慎对待外来观念，更在于引导他们学会辩证地否定过时观念，积极接纳符合时代发展趋势的新观念，从而克服主观臆断、片面理解和随意行事的倾向。

在高校思想政治理论课教学内容的改革中，我们应以辩证思维为指导，既不盲目否定旧观念，也不盲目肯定新观念。应认识到新旧观念之间的复杂联系，善于从旧观念中汲取积极因素，同时规避新观念可能转化为旧观念的风险。通过科学地去粗取精、去伪存真，我们才能实现观念的创新，推动高校思想政治理论课教学的不断进步。

（二）形势与政策教育

形势与政策教育一直是高校思想政治理论课教学内容的核心组成部分。形势教育主要包括国内形势教育和国际形势教育。通过形势教育，学生能够深入理解党的路线、方针和政策，坚定地完成党和国家的各项任务，从而增强学生对发展社会主义事业的坚定信心。政策是实现党的路线的行动准则，是党的一切实际工作的出发点。政策教育的重要性在于，它帮助人们在社会生产和社会生活实践中，保持理性和清醒的头脑，做到心中有数。同时，政策教育还能促使人们的思想和行为自觉地与党和政府的政策导向保持一致，确保我们的行动始终沿着正确的方向前进。

形势与政策教育对于大学生的成长具有深远意义，其重要性体现在以下几个方面。

①目标明确，引领成长：通过形势与政策教育，大学生能够洞悉国际国内形

势的复杂多变，深刻理解并认同党和国家的大政方针，把握形势发展脉络，从而树立科学的形势政策观念，为未来的职业生涯奠定坚实的基础。同时，这一教育过程还能激发大学生的爱国情怀，增强他们的民族自豪感与社会责任感，促使他们将个人发展与国家命运紧密相连，为中华民族伟大复兴贡献力量。

②内容新颖，紧贴时代：形势与政策教育的关键在于其内容的时效性与前沿性。它应及时传递最新、最贴近当前形势的信息，确保教育内容的新鲜度与吸引力。随着国际国内形势的快速变化，高校思想政治教育面临着前所未有的机遇与挑战。在这一背景下，形势与政策教育成为引导学生树立正确政治立场、认清形势发展趋势、做出明智选择的关键所在。其内容丰富、形式多样，既是对理想信念与爱国主义教育的有力补充，也是帮助学生深刻理解时代变迁、把握历史机遇的重要途径。

（三）世界观、人生观和价值观教育

1. 世界观教育

世界观作为个体对宇宙万物及人生哲理的总体认知，是在人们不断探索与改造世界的实践过程中逐渐构建起来的。随着对外部世界认知的深化与知识体系的扩充，每个人的世界观也日趋形成，进而指导其思想与行为。然而，日常生活中自然形成的世界观往往缺乏系统性、理论深度，且可能包含谬误，这既可能引领我们走向正确之路，也可能误导我们的实践方向。

鉴于此，高校思想政治理论课的核心使命之一，便是向学生传授科学、系统的世界观，特别是马克思主义世界观。马克思主义世界观，以其深厚的历史底蕴、严密的逻辑体系及广泛的实践验证，不仅深刻揭示了世界的本质规律与人类社会的发展趋势，更为我们提供了改造自然与社会的强大思想武器。在社会主义市场经济背景下，引导学生树立马克思主义世界观，对于减少实践中的盲目探索、增强行动的自觉性具有不可估量的价值。

因此，高校应将马克思主义世界观教育视为思想政治理论课的基本任务，通过深入浅出的讲解、生动鲜活的案例，帮助学生构建起科学的世界观框架，为他们未来的成长与发展奠定坚实的思想基础。

2. 人生观教育

人生观作为个体对人生基本问题的根本看法，是每个人在复杂多变的社会生活中，基于个人经历、体验与反思所形成的对生活意义的独特理解。然而，这种自发形成的人生观往往缺乏系统性和全面性，甚至可能因缺乏科学论证而偏离正轨。特别是在当前社会快速变迁的背景下，大学生作为即将步入社会的重要群体，其人生观的形成与发展尤为重要。

高校思想政治理论课承担着对大学生进行人生观教育的重要任务。这不仅是因为正确的人生观能够引导学生积极面对生活中的挑战，实现个人价值与社会价值的和谐统一，更是因为在现阶段，许多大学生在人生观上存在着困惑与迷茫，需要科学理论的指引。

因此，高校在人生观教育中应着重关注以下几个方面：一是帮助学生厘清个人与社会的关系，明确个人在社会发展中所扮演的角色与承担的责任；二是引导学生正确处理贡献与索取的关系，树立为社会作贡献的价值观念；三是鼓励学生将个人理想与现实相结合，制订切实可行的行动计划，为实现个人梦想和社会进步贡献力量。

通过系统的人生观教育，高校可以帮助学生建立积极向上、科学合理的人生观，为他们未来的成长与发展奠定坚实的思想基础，引导他们走上正确的人生之路。

3. 价值观教育

价值观作为个体对主客体间价值关系的内在认知，深刻影响着人们的思维方式与行为模式。它不仅是个人在特定情境下动机、目的、需求及情感意志的综合体现，更是规范与调节个体社会行为的核心要素。在社会主义市场经济体制下，多元经济成分与利益主体的并存，催生了多样化的价值观与价值取向，这对当代大学生的价值观塑造带来了一定的挑战。

面对这一现实，高校思想政治理论课承担着引导大学生树立正确价值观的重要使命。价值观的形成与固化，对个体的社会实践具有深远影响，因此，高校必须采取积极措施，确保大学生在价值观形成的关键时期能够接受到正确、积极的引导。

在具体实践中，高校应聚焦以下几个关键领域。首先，义利观教育旨在平衡个人利益与社会责任，引导学生认识到在追求个人合理利益的同时，亦需承担社会责任，实现个人价值与社会价值的和谐统一。其次，荣辱观教育通过明确道德界限，弘扬社会主义荣辱观，帮助学生树立正确的道德观念与行为准则，区分善恶、美丑，以诚实守信、勤劳勇敢为荣，以损人利己、见利忘义为耻。再次，苦乐观教育强调面对生活中的挑战与困境时要秉持积极态度，培养学生坚韧不拔、乐观向上的精神风貌，使其能够珍惜生活、关爱他人。最后，生死观教育则引导学生正视生命的意义与价值，理解死亡是生命不可回避的组成部分，从而更加珍视生命、尊重生命，以积极的人生态度面对生活。

为实现上述教育目标，高校需采取多元化的教学策略。这包括将理论讲授与案例分析相结合，以增强教学的生动性与说服力；通过实践教学与社会实践，让学生在亲身体验中深化对价值观的理解与认同；同时，加强家校合作，形成教育合力，共同促进学生价值观的健康发展。通过这些综合措施，高校思想政治理论课将更有效地引导大学生树立正确的价值观，为其全面发展奠定坚实的基础。

（四）道德观和法治观教育

道德观作为个体在一定社会背景下对道德现象与道德行为的基本认知与价值取向，是指导人们行为的内在准则。在高校思想政治理论教育中，"思想道德与法治"课程扮演着举足轻重的角色，它不仅承载着社会主义核心价值观教育使命，还聚焦于爱国主义教育、道德教育与法治教育，旨在促进学生的全面发展。

道德观教育，通过深入挖掘中华优秀传统文化的道德精髓，并结合时代要求，引导学生树立正确的世界观、人生观和价值观。它强调个人品德修养的重要性，鼓励学生在社会公德、职业道德、家庭美德以及个人品德等方面不断追求卓越。在这个过程中，学生不仅能够增强道德意识，还能够自觉践行道德规范，成为讲道德、遵道德、守道德的优秀公民。通过道德观教育，学生能够更好地理解个人行为与社会责任之间的紧密联系，从而在现实生活中展现出高尚的道德风貌。

与此同时，法治观教育在高校思想政治理论课中同样占据核心地位。法治观，即人们对法律的性质、地位及作用的认知与态度，是现代社会文明的重要标志。它倡导法律至上、依法治国的理念，对于维护社会稳定、促进公平正义具有不可替代的作用。在社会主义法治教育框架下，学生不仅能够深入理解法律的基本精神与原则，还能够增强法治观念和宪法意识，学会运用法律武器维护自身权益，同时积极履行公民义务，成为社会主义法治的忠实崇尚者、自觉遵守者与坚定捍卫者。

"思想道德与法治"课程通过综合运用多学科知识，在遵循大学生成长规律的基础上精心设计教学内容，力求在潜移默化中塑造学生的道德品格并提升其法治素养。它不仅关注知识的传授，更重视情感的熏陶与行为的引导，努力将道德观与法治观内化为学生的精神追求与外化行为准则。在这一过程中，学生不仅能够获得丰富的理论知识，还能够在实践中不断提升自身的道德素养，为成为德智体美劳全面发展的社会主义建设者和接班人奠定坚实基础。

（五）历史观教育

在历史的长河中，人类积累了丰富的知识与智慧，这些宝贵的遗产不仅构成了人类文明进步的基石，也为后人提供了一定的借鉴与启示。正如古人云："以铜为镜，可以正衣冠；以古为镜，可以知兴替；以人为镜，可以明得失。"历史观教育在高校思想政治理论课中占据着举足轻重的地位，它不仅是知识的传授，更是智慧的启迪与价值观的塑造。

历史观教育涵盖了我国悠久的历史与灿烂的文化，以及世界各国丰富多彩的历史进程。通过学习历史，学生不仅能够了解过去的辉煌与沧桑，更能从中汲取经验与教训，为未来的发展提供指导。中华民族历来重视历史研究与教育，将其视为传承文化的重要途径。在当今经济全球化的背景下，了解世界各国的历史与文化，对于培养学生的国际视野与跨文化交流能力具有重要意义。

高校思想政治理论课中的历史观教育，应注重整体性和体系性，将各门课程的内容有机整合，形成一个完整的教育体系。教师应从不同的侧面展开教学，使学生能够全面、深入地理解历史，从而树立正确的历史观。这不仅有助于学生形成批判性思维，学会从不同角度审视问题，还能够激发他们的爱国情怀与民族自豪感，增强文化自信。

在具体实施中，历史观教育应紧密结合时代特点，创新教学方法与手段，提高课程的吸引力和实效性。例如，教师应通过案例教学、情景模拟、实地考察等方式，让学生身临其境地感受历史，加深对历史事件与人物的理解。同时，教师还应注重培养学生的独立思考能力，鼓励他们对历史进行批判性分析与评价，形成自己的见解与观点。

总之，历史观教育是高校思想政治理论课不可或缺的一部分，它不仅能够传承人类文明，还能够培养学生的爱国情怀。在未来的教学改革中，我们应继续深化历史观教育，为培养具有全球视野和人文情怀的新时代青年贡献力量。

二、高校思想政治理论课教学内容的改革创新

在新时代背景下，高校思想政治理论课的教学内容亟需进行深度整合与优化，以适应时代发展的需求，更好地培养学生的社会责任感。

首先，我们应及时将马克思主义中国化的最新理论成果、中国特色社会主义的最新实践经验以及马克思主义理论的最新研究进展融入教材中，确保教学内容的前瞻性和时代性。

其次，我们要构建系统化的马克思主义理论教学体系，以马克思主义理论为

核心，深入浅出地讲解其基本原理、中国化进程以及在当代社会的实践应用，帮助学生深刻理解和把握这一科学理论体系的精髓。此外，还需紧密结合国内外形势，不断更新基本国情和形势与政策教育内容，使学生能够及时准确地了解国家的发展现状、面临的挑战及应对策略，增强他们的国家意识。

在价值观教育方面，我们应深化世界观、人生观和价值观的引导，通过生动的教学案例和实践活动，帮助学生树立正确的价值导向，培养积极向上的精神风貌。同时，强化道德观和法治观教育，注重培养学生的职业道德、社会公德及法治意识，使他们在未来的职业生涯和社会生活中成为遵纪守法的合格公民。

历史观教育同样不可忽视。通过讲述中国历史、党的历史等丰富内容，帮助学生形成正确的历史认知，增强他们的历史使命感和责任感。这不仅能够让学生更好地理解和珍惜当前来之不易的幸福生活，还能坚定他们为实现中华民族伟大复兴的中国梦而努力奋斗的决心和信心。

为了进一步提升教学质量和效果，我们还应积极建设思想政治理论课网络教学资源库，利用现代信息技术手段拓宽教学渠道，为学生提供更加丰富、便捷的学习资源和互动平台。

第二节　高校思想政治理论课教学方法改革

高校思想政治理论课教学方法是思想政治理论课教学过程的构成要素之一，对于完成课程教学的任务具有重要意义。研究高校思想政治理论课教学方法改革，首先应当明确其本质特征与各种创新方法。

一、高校思想政治理论课教学方法的本质特征

作为一种教学活动，高校思想政治理论课教学与其他学科的教学一样，在教学方法上有着共同性。然而，从高校思想政治理论课教学的性质、地位、目标、内容以及所依托的学科等角度看，其教学方法又有着与其他学科教学方法不同的特征，主要表现为以下几点。

（一）方向性和原则性

高校思想政治理论课作为国家教育体系中的重要组成部分，其独特的性质和地位赋予了教学方法明确的方向性和原则性。这门课程不仅是国家规定的大学生必修课程，更是党和国家教育事业长远发展的基石，承载着培养社会主义建设者

和接班人的历史使命。

首先，高校思想政治理论课的政治性和意识形态性是其最鲜明的特征。这要求教师在教学过程中必须坚定不移地贯彻党的教育方针，确保教学内容与社会主义核心价值观相契合，引导学生树立正确的世界观、人生观和价值观。因此，教学方法的选择必须紧密围绕这一核心目标，确保教学活动始终沿着正确的政治方向前进。

其次，高校思想政治理论课的教学任务是明确的。它旨在通过系统的理论学习和实践锻炼，提升学生的政治素养、道德品质和创新能力，使其成为德智体美劳全面发展的社会主义建设者和接班人。这就要求教师在教学方法上必须克服主观盲目性和随意性，注重针对性和实效性，确保教学活动能够真正达到教学目的。

再次，高校思想政治理论课的教学对象具有特定的心理特点和思想实际。大学生正处于世界观、人生观和价值观形成的关键时期，他们思想活跃、求知欲强，但同时也面临着诸多困惑和挑战。因此，教师在选择教学方法时，必须充分考虑学生的实际情况，因材施教，注重使用启发式和讨论式教学，激发学生的学习兴趣和主动性。

最后，高校思想政治理论课的教学方法必须遵循一定的教学原则。这些原则包括理论联系实际、循序渐进、因材施教等，它们共同构成了教学活动的基本规范。教师在教学过程中必须严格遵守这些原则，确保教学活动的科学性和有效性。

（二）针对性和多样性

高校思想政治理论课，作为一门独特的学科，其教学方法的选择与应用必须充分考虑其学科特点，即针对性与多样性。这种要求源于该课程所依托的马克思主义理论的政治性、科学性和实践性，以及教学过程中"两个对象统一"的特殊性。

针对性是确保高校思想政治理论课教学实效性的核心。由于该课程的研究对象和教学对象是统一的，即大学生，他们在学习过程中既是理论知识的接受者，也是实践活动的参与者。因此，教学方法的选择必须紧密围绕大学生的思想实际和成长需要，做到有的放矢。这要求教师在教学过程中，要深入了解学生的思想动态、兴趣点及困惑，针对性地设计教学内容和方法，以激发学生的学习兴趣，引导他们主动思考、积极探索，从而真正达到内化于心、外化于行的教育目的。

多样性则是提高高校思想政治理论课教学吸引力和感染力的关键。作为一门理论性和知识性较强的综合性学科，思想政治理论课涉及伦理学、政治学、经济学、历史学、心理学、教育学、法学、美学等多学科知识，这就要求教学方法必须多样化，以适应不同学科内容的特点和要求。教师通过综合运用讲授法、讨论法、案例分析法、角色扮演法、实践教学法等多种教学方法，可以丰富课堂形式，活跃课堂氛围，提高教学效果。同时，随着科学技术的进步和国际国内形势的变化，教学方法也应不断创新，充分利用现代信息技术手段，如在线教学、虚拟仿真实验等，以拓宽教学渠道，增强教学的时代感和实效性。

此外，高校思想政治理论课教学方法的针对性和多样性还体现在对传统教学方法的继承与创新上。在继承和发扬传统教学方法优势的基础上，如讲授法的系统性和条理性、讨论法的互动性和启发性等，同时也要与时俱进，积极探索和采用新的教学方法和手段，如项目式学习、翻转课堂等，以适应新时代大学生的特点和需求，推动思想政治理论课教学的不断创新和发展。

二、高校思想政治理论课教学方法的改革创新

教学方法涵盖教师采用的教学手段与教学模式，是确保高校思想政治理论课取得优异教学效果的重要基石。随着教育理念的革新与教学实践的深入，高校思想政治理论课教学方法的改革显得尤为重要。这一改革涵盖了案例教学法、分组教学法、榜样教育法、问题导向教学法以及辩论式教学法等多种创新模式。

（一）案例教学法

案例教学法，这一源自哈佛商学院的教学方法，以其独特的魅力在高校思想政治理论课中展现出显著优势。该方法以社会真实事件为教学案例，通过师生共同分析、讨论，最终得出深刻结论。其核心特点在于能够将抽象的理论知识以生动具体的案例形式呈现，使学生在探讨案例的过程中，自然而然地领悟并掌握相关理论。鉴于案例教学法的这些优势，以及高校学生群体的特点和思想政治理论课的教学需求，将其引入高校课堂，无疑是一种切实可行且效果显著的尝试。

在案例教学中，案例成为连接理论与实践的桥梁。教师精心挑选案例，以特定的方式向学生呈现，引导学生深入剖析案例背后的逻辑关系，进而得出结论。这一过程不仅增强了学生的参与感和主动性，还促使他们在分析、讨论中深化对思想政治理论的理解，实现知识的内化与外化。通过案例教学，理论知识不再枯燥难懂，而是变得鲜活有趣，更易于被学生接受和掌握。

1.案例教学法的教学流程

（1）课前准备

课前准备是案例教学法成功实施的基础，它涵盖了案例选取、案例理解以及

课堂实施计划的制订等多个方面。高校思想政治理论课教师在这一过程中扮演着至关重要的角色。

首先，教师需要全面且深入地理解课程内容及教学目标，确保自己能够准确地把握知识的精髓。在此基础上，教师应精心挑选与课程内容高度相关、具有典型性和启发性的案例。这些案例可以通过多种形式呈现，如视频播放、图表展示或口头讲述，旨在吸引学生的注意力，激发其学习兴趣。

其次，在选定案例后，教师应进一步深入理解案例的背景、情节、人物及核心问题，确保自己对案例有全面而透彻的认识。同时，教师还需考虑如何将案例与课程内容紧密结合，明确所要达成的具体目标。此外，教师还应预设学生在分析案例时可能遇到的困惑或问题，以便在课堂上提供及时有效的指导和解答。

最后，基于对案例的理解和课程目标，教师应制订一套详细且周密的实施计划。该计划应涵盖案例的引入、分析讨论、总结归纳等多个环节，并明确每个环节的时间分配、活动内容及预期效果。在制订计划时，教师应充分考虑学生的实际情况和认知水平，确保计划的可行性和针对性。同时，教师还应准备必要的辅助材料，如案例背景资料、分析框架或讨论指南等，以便在课堂上灵活运用，确保案例教学顺利进行。

此外，学生在课前也应做好充分准备，如主动了解案例的基本信息，运用自己的知识储备对案例进行初步分析，并提出自己的见解和疑问。这样，学生在课堂上就能更加积极地参与讨论，与教师和其他同学共同探究案例的深层含义，从而加深对课程内容的理解。

（2）课堂实施

在课堂实施阶段，案例教学法通过一系列有序的环节，促进学生深入理解案例并提升教学效果。首先，学生观看或倾听案例，整理案例中的关键信息，并基于这些信息初步形成个人的观点和看法。这一步骤鼓励学生主动思考，为后续讨论打下基础。

其次，学生进入分组讨论环节。讨论过程中，各小组充分交流，成员间积极表达各自对案例的认识和思考。教师在此阶段扮演引导者的角色，当发现小组讨论不够深入时，会介入了解情况，并引导小组成员进一步分析案例，确保讨论既充分又有效。小组讨论不仅能汇集集体智慧，还能促进学生之间的相互学习和尊重。即使在讨论中出现观点不一致的情况，也会保留不同意见，体现了学术讨论的开放性和包容性。

最后，每个小组派代表向全班阐述本组的讨论结果和观点。教师在此基础上进行总结，不仅要点评各组的亮点和不足，还要进一步深化学生对案例的理解，揭示其中蕴含的深刻道理。这一过程不仅锻炼了学生的表达能力，还促进了他们对课程内容的掌握，提升了教学效果。

（3）课后实践

高校思想政治课堂的终极目标，在于促使学生不仅能够掌握理论知识，更能将这些知识内化于心、外化于行。教师在对各小组的讨论结果进行深入总结之后，检验学生是否真正理解和掌握了知识点，有必要通过实践行动来加以验证。

课后，教师应继续引导学生，在充分理解并掌握理论知识的基础上，将所学知识融入日常生活实践中。这一过程旨在鼓励学生将理论知识转化为实际行动，通过实践不断消化和吸收，真正将理论为己所用。通过这样的方式，学生能够在实践中不断反思与成长，实现自我提升，从而确保高校思想政治教育的目标得以全面实现。

2.案例教学法的作用

案例教学法在高校思想政治课堂中扮演着举足轻重的角色，它不仅丰富了教学手段，还深刻影响了教学效果，具体体现在以下几个方面。

①实现教师与学生的双向互动：案例教学法打破了传统教学中教师单向灌输知识的模式，构建了教师与学生之间紧密互动的教学框架。教师通过精心挑选的案例，引导学生进行深入思考和讨论，使学生成为教学过程的积极参与者。这种互动不仅促进了师生之间的有效沟通，还使学生在主动探索中逐步理解和掌握了思想政治理论知识，实现了教学目标的初步达成。

②提升学生的自主学习能力：案例教学法强调学生的自我思考和主动学习。课前，学生需要查阅相关资料，为全面了解案例做好准备；课堂上，学生与教师共同分析案例，加深对知识的理解；课后，学生还需要对课堂讨论进行总结和反思。这一过程不仅提升了学生的逻辑思维能力，还增强了他们的自主学习能力和反思能力。

③提升高校思想政治理论课课堂的活力：传统的高校思想政治理论课往往显得枯燥乏味，而案例教学法的引入为课堂注入了新的活力。生动形象的案例不仅吸引了学生的注意力，还激发了他们的学习兴趣。在案例分析过程中，学生与教师之间的互动和讨论使得课堂氛围更加活跃，提高了学生对课堂的期待值。

④提升高校思想政治理论课课堂的实效性：通过案例教学法，学生在课前、课中和课后都进行了深入的学习和思考，对理论知识的理解更加深刻。同时，教师在案例分析过程中能够更全面地了解学生的思想状况，从而进行有针对性的指

导。这种教学模式不仅提高了学生学习的主动性，还加深了教师对学生思想状况的了解，提升了高校思想政治理论课课堂的实效性。

3. 案例教学法在高校思想政治理论课中的运用策略

为了有效运用案例教学法于高校思想政治理论课教学中，需要从学生、教师及学校三个维度出发，采取一系列策略来确保教学的质量和效果。

首先，学生应提高对思想政治理论课的重视程度，将其视为提升自我修养和能力的重要途径。学生需端正学习态度，认识到该课程的重要性，并深入了解其教学目标和内容。在具体参与案例教学的过程中，学生应积极配合教师，做好课前准备，明确学习目标，通过案例分析不断提升主动学习的能力和思维创新能力。课堂参与度的高低直接影响着教学效果，因此学生的主动配合至关重要。

其次，高校思想政治理论课教师应不断提升自我素质，以更好地实施案例教学法。作为案例教学法的发动者、组织者和实施者，教师需具备较高的政治素质、思想素质、道德素质和知识素质。教师应深刻认识到案例教学法的重要性，掌握其精髓，选取合适的案例，将案例与教学内容紧密结合，引导学生深入分析和讨论案例，从而得出与教学内容相一致的理论。教师的专业素养和教学能力直接影响案例教学的效果。

最后，高校应为案例教学法在思想政治理论课中的实施营造良好的氛围，并加大对教师的培训力度。高校应提升全体师生对思想政治理论课的重视程度，加强课程考核，营造良好的教学氛围。同时，高校应重视教师教学能力的提升，通过聘请专家来校讲座、组织教学研讨会等方式，为教师提供持续的专业发展机会。教师的教学能力是确保案例教学法在思想政治理论课中有效运用的关键。

（二）分组教学法

1. 分组教学法的含义

分组教学法是一种富有创意的教学策略，其精髓在于将班级学生划分为若干小组，并为各小组分配特定的学习任务，以此推动学生间的紧密协作。这一教学方法不仅强调明确的分工与合作，还鼓励学生共同攻克教师精心设计的任务难关。在这样的教学过程中，学生不仅能锤炼团队协作与竞争能力，还能被极大地激发出参与教学活动的热忱，从而推动个人的全方位发展。

分组教学法在提升学生的实践能力上展现出了非凡的效果。它积极鼓励学生将所学知识付诸实践，通过亲身操作来深化理解，并将这些知识转化为自身的能力。同时，在这一过程中学生的语言表达能力和组织管理能力也得到了显著提升，为他们未来的职业生涯铺设了坚实的基石。更为关键的是，分组教学法彻底打破了传统"满堂灌"的教学模式，真正践行了以学生为核心的教学理念。它倡导学生间的相互合作，鼓励学生充分挖掘个人潜能，并以合作学习理论为指引，构建了一个开放、互动且充满活力的学习环境。

在高校思想政治理论课的授课实践中，分组教学法展现出了独特的魅力。它巧妙地将灌输性与启发性融为一体，既注重挖掘学生的学习潜能，又充分凸显了学生的主体地位。同时，这一方法也充分发挥了教师在授课过程中的主导作用。教师应成为学生发现问题、探究问题、解决问题的引导者，让学生在循序渐进的学习过程中自然而然地得出结论、获取真知。通过分组合作学习，师生之间平等交流的关系得到了充分体现。学生在"组内紧密合作、组间良性竞争"的基础上，与教师携手共同营造出一个积极、风趣、融洽、充实且生动的思想政治理论课教学氛围。这样的教学氛围不仅有助于提升教学效果，还能让学生在轻松愉悦的氛围中收获知识、不断成长。

2.分组教学法的步骤

第一，分组是分组教学法的起始环节，其关键在于确保分组的科学性与合理性。教师应综合考虑学生的学习特点、学习习惯及学习能力，将学生分为高、中、低三个层次，并在此基础上进行五人左右的小组划分，这样的分组方式既考虑了学生的差异性，又便于小组内的互助与合作。当然，也可以尝试让学生自由组合，但教师在这一过程中需给予适当引导，以确保各小组在成员构成上能够保持相对的均衡。分组完成后，教师需与小组成员共同选定一位具有组织管理能力且认真负责的学生担任小组长，以保障小组活动的有序进行和教学任务的顺利完成。

第二，在分组的基础上，教师应根据教学内容精心设计小组活动任务。这一过程中，教师应转变传统角色，从单纯的宣讲者转变为活动的设计者，充分尊重学生的主体性，发挥学生的主观能动性。设计任务时，教师应注重任务的趣味性、挑战性和实用性，通过多样化的教学形式和活动方式，激发学生的学习兴趣，引导他们积极参与小组活动，探索新知。

第三，为确保小组活动有效进行，教师需要与小组成员共同制定一套明确的小组活动规则。这包括明确小组长和小组成员的职责分工，编制小组活动过程记录表，以及设立奖惩制度。这些规则的制定与实施，可以规范小组活动流程，避免小组合作流于形式。

第四，小组活动的最终环节是展示学习成果。这一环节不仅是对小组活动成果的检验，更是锻炼学生口头表达能力和胆量的绝佳机会。教师应鼓励学生以多种形式展示小组学习成果，如汇报演讲、成果展示板等。通过展示，学生可以增强自信心，提升表达能力，同时也能够从中获得成就感和满足感。此外，教师还可以借助学生的展示成果，对课程进行过程性评价，为后续教学提供有益的反馈和参考。

3. 分组教学法的意义

（1）有利于提高教学实效

小组成员在分组学习中，可以坦诚表达各自的想法和学习心得，养成主动学习、开动脑筋思考的好习惯，在讨论交流中不断碰撞出思想的火花。学生坦诚交流自己在学习过程中的体会、对知识的理解等，可以将思想政治理论课教材中的知识，转化为学习体会和心得，以调动主动学习的积极性，促进对理论知识的理解和吸收。同时，学生在交流过程中能产生更多的理解和共鸣，可以解决学习过程中遇到的问题，有利于学生之间拉近关系以及融洽师生关系。这样，分组教学法就能达到充分调动学生学习主动性和积极性、贯彻理论联系实际的教学要求，提高教学实效。

（2）有助于思想政治理论课教学改革

分组教学法以其独特的优势，颠覆了传统的单向灌输模式，为课堂注入了新的活力。在分组教学的框架下，学生被划分为若干小组，围绕共同的学习任务展开深入的交流与讨论。在分组学习过程中，学生不再局限于课堂内的探讨，还积极投身于社会实践，如开展社会调查、共同制作演示文稿和微视频等，并在小组内进行成果汇报。这些实践活动不仅锻炼了学生的团队协作能力，还提升了他们的实际操作能力和创新思维能力。同时，通过参与校内外考察参观等小组活动，学生得以将理论知识与现实生活紧密结合，进一步拓宽了视野，增强了学习的趣味性和实效性。

（3）有助于提升学生的综合素质

分组教学法强调小组成员的分工合作，有利于提升学生的合作意识，提高小组成员的沟通交流能力、语言表达能力，以及运用现代信息技术的能力等。小组成员就教师布置的课前任务开展社会调查，很好地锻炼了合作能力；小组成员就学习问题进行讨论交流，提升了语言表达能力和思维能力，搭建了沟通交流平台；小组成员就学习的任务共同制作演示文稿、微视频并进行汇报，提高了运用现代信息技术的能力，同时还有效地锻炼了口头表达能力和胆量；以小组为单位进行校内外参观考察时，小组长和小组成员必须进行充分准备，准备过程锻炼了小组长的协调管理能力、小组成员之间的合作能力。

4.分组教学法在高校思想政治理论课中运用的反思

分组教学法在高校思想政治理论课中的运用需要教师在分组原则、督导引导等方面进行深入反思和不断优化。只有确保分组的科学合理、加强督导与引导，才能充分发挥分组教学法的优势，提升高校思想政治理论课的实效性和吸引力。

（1）精准把握分组原则

分组教学法在高校思想政治理论课中的运用，首要任务是确保分组的科学合理。这要求教师不仅要深入了解学生的学习能力、性格特点、兴趣爱好等多维度信息，还要根据班级整体情况，灵活调整分组策略。初次尝试时，小组规模可适中，随着学生合作能力的提升，再逐步扩大小组规模。分组应遵循"组间同质、组内异质"的原则，确保各小组在整体实力上保持均衡，同时小组内部成员之间要形成互补，促进不同层次学生之间的相互学习与帮助。

（2）强化督导与引导

分组教学法的实施过程中，教师的督导与引导至关重要。教师应密切关注各小组的学习动态，及时解答学生在合作学习中遇到的问题，引导学生围绕教学内容进行深入思考与讨论。同时，教师还要通过组间竞争和组内竞争的方式，激发学生的参与热情，确保每位学生都能积极投入学习活动中。此外，树立榜样、激励小组成员也是提升分组教学效果的有效手段。

（三）榜样教育法

榜样教育法是指教育者利用多样化的方法向受教育者展示具有典型性、示范性的个人、群体或事物，旨在激励他们主动效仿榜样，将榜样的精神品质内化于心、外化于行，从而培养高尚的道德品质。从本质层面看，榜样教育法是一种激励手段，通过树立榜样来鼓舞和鞭策受教育者。

1.榜样教育法在高校思想政治理论课中运用的意义

（1）有利于大学生的全面发展

榜样教育法作为思想政治教育中的一种有效方法，其树立的鲜明且具有影响力的榜样形象，对大学生具有显著的引领和激励作用。这种方法不仅可以为他们指明成长的方向，还能够激发他们向榜样学习的热情，进而促使他们树立起向榜样看齐的意识，逐步使个人的思想道德品质向榜样靠拢。榜样教育法是促进学生全面发展的重要途径。通过学习和模仿榜样的行为与思维方式，学生可以在学业、社会实践、人际交往等多个方面获得启发和提升。榜样的成功经验、创新思维和坚韧不拔的精神，能够激励学生勇于探索未知，敢于挑战自我，不断提升自身的能力和素质。这不仅有助于学生在未来的职业生涯中脱颖而出，更能够培养他们的社会责任感和公民意识。

（2）有利于构建和谐校园

榜样教育法在构建和谐校园中扮演着至关重要的角色，它不仅有助于学生塑造正确的价值观，抵御外界不良思想的干扰，还能全面促进学生的个人发展，进而营造一个积极向上、和谐共融的校园环境。

大学生正处于形成独立思想和价值观的关键时期，容易受到各种观念的影响。榜样教育法通过树立一系列积极向上、具有高尚品德的榜样人物，为学生提供了清晰的价值导向。这些榜样不仅展现了个人卓越的品质，更重要的是传递了正确的人生观、价值观和道德观等，引导学生在复杂多变的社会环境中保持清醒的头脑，坚守道德底线，追求真理与正义。

2. 榜样教育法在高校思想政治理论课中的改革策略

（1）打造榜样教育法的实施环境

实施榜样教育法是一项庞大且复杂的系统工程，它要求高校必须从多维度、全方位考量，构建出一套完善且制度化的保障措施。只有这样，榜样教育法才能在思想政治理论课的舞台上得到有效运用，并经过实践的洗礼与检验，最终得以稳固确立。这一系统的复杂性，决定了它无法仅凭教师个人的力量单独完成，高校必须承担起主导者的角色，通过政策引导、资源调配、机制创新等多种手段，为榜样教育法的实施提供坚实的后盾。

①科学塑造榜样。高校在选取榜样时，应坚定不移地秉持以学生为中心的理念，致力于构建一个多元化、多层次的榜样选择机制，同时持续优化和完善榜样的树立机制与评判标准。为了实现这一目标，高校需将自上而下的指导与自下而上的参与紧密结合，确保榜样选拔过程既体现学校的宏观导向，又充分反映学生的实际需求与心声。在具体实施上，高校应鼓励并创造机会，让广大学生积极参与到榜样的选拔中来，可以通过在基层院系、班级及学生组织中设立评议推荐机制来实现，让学生有机会推荐自己身边的优秀同学作为学习的榜样。此外，高校还应注重建立规范有序、层次分明的榜样选拔层级制度。

②着力宣传榜样。有效实施并充分利用榜样教育法，首要任务是精心挑选合适的榜样，而核心环节则在于广泛而深入地宣传这些榜样。为了充分发挥榜样教

育法的作用，必须加大宣传力度，广泛传播榜样的崇高精神与杰出事迹，让更多学生深入了解并衷心认同榜样，从而激发他们主动学习、积极效仿的热情与动力。

首先，加大宣传榜样的力度。在高校思想政治理论课中实践榜样教育法，首要步骤是树立具有示范意义的榜样，旨在让学生全面了解并深刻认识这些榜样，通过共鸣机制的建立，促使学生将榜样的精神品质"内化"为个人信念，进而"外化"为日常行为。因此，高校应高度重视并强化对榜样的宣传工作。若榜样树立后缺乏及时且有效的宣传，其引领与激励作用将有所减弱。当前，鉴于微博、微信等新兴媒体及电视、报纸等传统媒体的广泛普及，高校在宣传榜样时应充分利用这些多元化平台。要加大对榜样的宣传力度，拓宽宣传的覆盖面与影响力，确保学生能够了解榜样的先进事迹。

其次，着重宣传榜样的内在品质。榜样教育法是一种通过精心挑选符合道德标准的典范人物，并采用多样化的宣传手段全面展现其先进事迹与卓越品质的方法。此方法旨在激发学生内心深处对榜样的敬仰之情，促使他们自发地效仿榜样，进而在道德素质上实现自我提升。在运用榜样教育法时，科学合理地选取榜样仅是第一步。随后，对榜样的宣传必须超越表面的、浅层次的介绍与报道，深入其精神内核，细致挖掘并呈现榜样的高尚情操与内在品质。

（2）加深学生对榜样教育法的认知

①深化榜样认知，提升辨识能力。大学生在成长过程中，应主动深化对榜样教育法的认知，通过系统学习相关理论知识，理解其背后的教育理念与价值导向。教师应引导大学生不仅将榜样教育视为一种外在的知识输入，更要努力将其内化为个人的思想信念和行为准则。通过持续的学习和反思，大学生应培养起敏锐的洞察力，学会在复杂多变的社会环境中辨识真善美与假恶丑，明确榜样的核心特质与行为标准。在选取和塑造榜样时，教师应鼓励大学生认识到，有缺陷但积极向上的榜样更能引发共鸣，因为这样的榜样更贴近生活，更易于模仿和学习。

②增进情感认同，激发内在动力。在当今信息爆炸、价值多元的时代背景下，大学生对榜样的情感认同显得尤为重要。高校应通过多样化的教育手段，如讲述榜样故事、组织互动交流、开展实践活动等，让学生深刻感受到榜样的精神和力量，从而激发他们对榜样的敬仰之情和学习欲望。同时，高校应引导学生树立正确的价值观，提高自我辨识能力，在面对纷繁复杂的信息时能够保持清醒的头脑，不盲目跟风，不随波逐流。通过增进对榜样的情感认同，大学生能够更加自觉地以榜样为镜，汲取精神力量，并将其转化为自我成长和进步的动力。

（四）问题导向教学法

1. 问题导向教学法的内涵

问题导向教学法的内涵丰富而深刻，它是一种全新的教学理念，强调在教学过程中以问题为核心，通过引导学生发现问题、提出问题、分析问题、研究问题并最终解决问题，来实现教学目标，提升学生的思想政治素质和理论素养。

首先，问题导向教学法明确以解决问题为指引，这要求教师在教学过程中，不仅要传授知识，更要激发学生的好奇心和求知欲，鼓励他们主动探索未知领域，发现存在的问题。这种教学法将学生的注意力引向那些需要研究讨论并加以解决的疑难点，促使他们在解决问题的过程中不断提高创新能力和认知能力。

在高校思想政治理论课中，问题导向教学法的实施遵循着发现问题、提出问题、分析问题、研究问题、解决问题的严密逻辑结构。这一结构的起点是发现问题，要求教师具备敏锐的问题意识，能够聚焦教材的重难点、社会热点以及学生的疑惑点，以引导学生提出问题。这些问题必须是真实存在的，而非虚构或伪造的，以确保问题导向教学法的有效性和实效性。

其次，正确分析和研究问题是问题导向教学法的关键环节。教师不仅要引导学生一起思考问题，还要教会他们如何分析和研究问题，探究问题的根源和本质。同时，教师和学生需要运用辩证唯物主义和历史唯物主义的方法，深入分析与研究问题，以确保得出正确的结论。

最后，解决问题是问题导向教学法的根本目的。发现并提出问题只是开始，解决问题则需要付出更多的努力和时间。教师需要引导学生通过思考、分析和探究，找到问题的解决办法，并在此过程中帮助学生形成正确的价值观，提高思想政治理论课的教学效果。

2. 问题导向教学法应遵循的原则

（1）引领性原则

导向是行动的指引和方向。办好思想政治理论课要坚持教师主导性和与学生主体性相统一，其实质就是要求教师有效发挥主导引领作用。高校思想政治理论课采用问题导向教学法，正是坚持教师主导性与学生主体性相统一的体现。随着互联网技术高度发达、社会快速发展，新时代高校学生的思维模式、认知模式、交流工具等较过去发生了较大的变化，他们独立性强、有主见，思维具有鲜明的批判性，呈现个性多元化特点。高校学生面对复杂的社会现象时，在评价和选择的过程中，会出现迷茫或者困惑，这就需要高校思想政治理论课教师做好思想引领工作。因此，在实施问题导向教学法过程中，高校思想政治理论课教师要始终在学生分析、研究问题的过程中发挥思想引领和价值引领作用，及时解答学生的困惑，对学生不正确的认识要进行剖析，让学生真正弄懂问题症结所在。通过教师的引领和指导，学生最终找到问题的正确答案，正确把握问题的实质。

（2）实效性原则

实效性原则对于问题导向教学法来说至关重要，它要求教师不仅关注知识的传授，更要注重教学效果的实际达成，确保学生能够真正从课程中受益。为了实现这一目标，教师需要采取一系列综合措施，确保教学活动具有针对性和吸引力。

深入细致的学情分析和调研是坚持实效性原则的基础。教师必须全面了解学生的知识基础、学习态度、兴趣点以及他们关心的社会问题。这要求教师不仅要通过传统的问卷调查、个别访谈等方式收集信息，还要紧跟时代脉搏，关注当代大学生普遍关注的社会热点和难点问题。通过这些信息，教师可以更准确地把握学生的实际需求，为设计符合他们认知水平的教学问题提供有力支持。

在问题设计上，实效性原则要求教师精心设计并提出具有明确目的性和高度针对性的问题。这些问题不仅要符合学生的认知水平，还要能够激发学生的主动性和探索欲望。教师应根据学生的兴趣点和关注点，设计具有开放性和挑战性的问题，鼓励学生从不同角度思考，培养他们的批判性思维和创新能力。

在教学过程中，实效性原则强调学生的主动参与和深度探讨。教师应让学生成为课堂的主角，鼓励他们积极发言和分享观点。同时，教师还应引导学生深入挖掘问题背后的深层次原因和影响，帮助他们建立全面的、系统的知识体系，并培养他们的独立思考和解决问题的能力。

（3）一致性原则

高校思想政治理论课采用问题导向教学法时，教师设计出的问题不能凭空而出，必须与教学内容、教学目标保持高度一致。问题导向教学法必须紧紧围绕教学目标和教学内容挖掘问题，因为它是为了有效教学而提出问题。在高校学生的学习和生活中，他们面临着各种问题，但并不是出现在他们面前的所有问题都是高校思想政治理论课教学所需要提出的问题。教师要选择与教学目标和教学内容相符合、相一致的问题，以实现问题导向教学法的合规律性、合目的性。这就需要高校思想政治理论课教师用动态的、发展的眼光去提出问题，要站在新时代的视角去选择问题、分析问题。在高校思想政治理论课教学过程中，特别要注意不能用过去解决"老问题"的方式来对当前新时代高校学生面临的新矛盾进行剖析。

3. 问题导向教学法的实现路径

高校思想政治理论课采用问题导向教学法要想取得实际效果，除遵循上述三个基本原则外，还需要遵循教学的基本规律，从理论与实践、教师与学生、课堂与课外等不同维度加强互动，要将课堂教学设计和实践验证相结合，最终将教学内容内化为学生的思想认同与价值认同。

（1）注重"四个精"的落实

首先，精心设计教学过程是基石。在备课阶段，教师需要全面把握教学内容，对即将实施的问题导向教学法进行周密规划。这包括精确安排提出问题和分析问题的步骤，预留充足时间对教学中的重点难点问题进行细致讲解，并预先构思应对各种可能出现的问题的策略。这样的准备能让教师在课堂上自信满满，游刃有余。

其次，精心选择问题是关键。教师需要深入研读教材，透彻理解教学目标和内容，从而挑选出那些既具有针对性又富有代表性，同时能激发学生探究欲望的问题。这些问题应紧密贴合教学内容，成为引导学生深入思考的桥梁。

再次，精准分析问题是核心。在分析问题时，教师必须展现出严谨的态度和深厚的理论功底。分析要全面、到位，避免片面或模糊不清的表述。教师应以清晰的逻辑、透彻的学理分析引导学生，用真理的力量去感召学生，使他们在不断领悟的过程中自然得出结论，让课堂教学达到水到渠成的效果。

最后，精准解决问题是落脚点。在与学生共同解决问题的过程中，教师应明确、直接地给出结论，避免含糊其辞。通过清晰明了的讲解，确保教学内容真正被学生吸收和理解，让知识真正进入学生的头脑。

（2）要积极引导学生主动参与

高校学生是思想政治理论课教师采用问题导向教学法的主体，教师要引导学生主动广泛地参与问题的交流、讨论与分析，着力在以下三方面下功夫。首先，精选学生感兴趣的适合教学内容的问题来激发学生的激情。要增强高校思想政治理论课的思想性、针对性、感染力、吸引力。高校思想政治理论课教师要根据教学内容以及学生的实际情况和认知规律特点设计问题，且设计的问题要从可以调动学生积极主动参与研究和分析问题的视角出发，激发学生参与的热情和参与的广泛性。其次，激发学生的主体性意识。只有唤起高校学生的主体意识，高校的思想政治理论课课堂才算得上是成功的课堂。学生的主体意识被激发后，就会自动解决调节学习和生活中出现的问题、矛盾，从自发性层面自觉提升促进自己全面发展的格局。只有有效激发学生的主体性意识，才能真正确保高校思想政治理论课的教学效果。最后，注重培养学生对民族、对国家、对人民的深厚情怀。只有具有强烈的爱国、爱家情怀，学生学习起来才有兴趣与激情。

（3）要结合实践有效性验证结论

高校思想政治理论课在运用问题导向教学法时，必须强调理论与实践的结合。单纯依靠理性思辨，学生难以将所学观点或得到的结论内化为个人的思想认同。因此，教师需要引导学生将理论知识与实践经验相结合，通过对现实世界的观察和体验来检验结论的科学性和真理性。

为了实现这一目标，教师可以采取多种实践教学方式。例如，组织学生参与社会调研、志愿服务或实地考察等活动，让他们在实践中直接感受和理解理论知识与现实生活之间的联系。通过对比间接经验与直接体验，学生能够更深刻地理解所学内容，并验证自己的观点或结论是否符合实际。此外，教师还可以引导学生对过去与现在进行纵向比较，通过分析历史发展和社会变迁来验证观点或结论的正确性，从而培养他们的批判性思考能力。

（五）辩论式教学法

1. 辩论式教学法的含义

辩论式教学法，是高校思想政治理论课教师按照学生实际和教学内容提出辩论主题，学生组成正反双方，在辩论过程中论证各自的观点，反驳对方的观点，从而达到明辨真理、活用知识、增强能力的教学方法。

辩论式教学法相较于传统的授课模式，有显著的不同与创新。在这一教学模式下，高校思想政治理论课教师围绕教学内容精心策划核心辩题，并在课前预先发布给学生，以便他们能有足够的时间进行资料搜集与观点整理。在课堂上，教师则负责组织并引导学生展开激烈的辩论活动。在设计辩论活动时，教师需紧密贴合教材的内容要求，同时深刻认识到核心素养培养的重要性，致力于通过辩论这一形式，激发学生的批判性思维，培养他们求真务实的科学精神。辩论式教学法强调学生在辩论过程中的主体地位，鼓励他们勇于表达、敢于质疑，从而在思想的碰撞中深化对知识的理解与掌握。

2. 辩论式教学法的特点

（1）自主探究性

自主探究性是辩论式教学法的灵魂。在这种教学模式下，学生不再是被动的知识接受者，而是成为主动的知识探索者和发现者。辩论式教学法鼓励学生自主查找资料、分析问题、形成观点，并在辩论中积极阐述和捍卫自己的立场。这种自主探究的过程不仅锻炼了学生的思维能力和表达能力，还培养了他们的独立思考能力和批判性思维能力。同时，教师在这一过程中扮演着引导者和辅助者的角色，为学生提供必要的指导和支持，确保辩论活动顺利进行。

（2）多元创新性

多元创新性是辩论式教学法的又一魅力所在。它打破了传统教学方法的单一性和刻板性，鼓励学生从不同角度、不同层面去思考问题，提出新颖的观点和见解。这种多元化的思考方式不仅拓宽了学生的视野，还激发了他们的创造力和想象力。

（3）过程生成性

过程生成性是辩论式教学法的动态体现。教学过程不再是一个静态的、预设的过程，而是一个动态的、不断生成的过程。在辩论活动中，学生根据已有的知识和经验，通过辩论不断重构自己的知识体系。辩题的设计应具有开放性和可探索性，为学生提供广阔的思维空间和创造空间。学生在辩论中不仅能加深对知识的理解，还能学会如何运用知识去分析问题和解决问题。同时，辩论过程中的思维碰撞和观点交流也促进了学生之间的相互学习。

3.高校思想政治理论课运用辩论式教学法的意义

（1）有助于提高学生的综合素质

①革新学习方式，点燃创新火花。高校思想政治理论课的教学改革，关键在于学生学习方式的转变，这是衡量教学质量的重要标尺。辩论式教学法颠覆了传统的"教—学"模式，引领学生踏上自主探索的新征程。它像一把钥匙，打开了学生创新思维的大门。古人云："学源于思，思起于疑。"疑问是智慧的火花，辩论式教学正是通过不断地设置问题，激发学生的求知欲和探索欲。学生在解决问题的过程中，不仅深化了对知识的理解，更锻炼了创新思维。高校教师应深入挖掘教材，巧妙设计辩题，让学生在辩论中碰撞思想，激发潜能。教师还应鼓励学生跳出书本，勇于尝试新方法，培养批判性思维，让学习成为一场充满惊喜的探索之旅。

②增强综合能力，塑造完善人格。辩论式教学法以其独特的开放性互动，为高校思想政治理论课注入了新的活力。在这个舞台上，学生成为知识的探索者和表达者。他们搜集信息、整理思路、提出观点，展开激烈的讨论。辩论不仅锻炼了学生的信息处理能力、逻辑思维能力，更在思想的交锋中，培养了他们尊重差

异、懂得包容的品格。这是一个展示自我、挑战自我的过程，也是人格完善的重要途径。

③明辨是非，提升思想觉悟。正确的是非观是大学生提升道德修养并实现智力发展的基石。辩论式教学法在涉及道德伦理的辩题中，为学生提供了检验是非观的舞台。教师作为引导者，需确保辩论活动在正确的价值观轨道上进行，引导学生深入分析社会问题，明辨是非善恶。通过辩论，学生不仅加深了对道德标准的理解，更在实践中提升了思想觉悟，坚定了自己的价值判断。

④强化自我评价，促进自我教育。辩论式教学法强调评价主体的多元性和评价方式的多样性。在辩论活动结束后，教师应组织学生开展自评与互评，让学生全面审视自己在辩论中的表现。自评让学生认识到自己的优点和不足，从而扬长避短；互评则让学生学会欣赏他人，尊重差异。在这种评价方式下，学生的自我评价能力得到显著提升，自我评价意识不断增强，进而推动自我教育的发展。学生学会了如何正视自己，如何改进自己，为未来的成长奠定了坚实的基础。

（2）有助于提升教师的综合素养

①革新教学理念，拥抱现代教育观。高校思想政治理论课教师应深入学生群体，精准把握学生需求，以培养学生积极践行社会主义核心价值观为核心，灵活运用辩论式教学法，打造形式多样、成效显著的课堂。教师应精心挑选适合学生的辩论方式，如发现式辩论、探究式辩论等，让思政课真正"活"起来。为此，教师需更新传统教学理念，聚焦学生核心素养的提升，将辩论式教学法融入思政课堂，针对教学中的重难点设计合理辩题，为每位学生提供展示自我的舞台。辩论结束后，教师应结合点评与知识点讲解，激励学生以质疑精神驱动自我学习、自我提升，力求教学效果的最大化。

②优化教学流程，打造活动型课堂。高校思政课是塑造学生"三观"的关键课程，培养学生的自主学习能力是其重要目标之一。辩论式教学法能够有效提升学生的自主性。在实施过程中，教师应充分了解学生的知识储备情况，尊重学生的主体地位，激发学生的积极性与主动性，引导学生积极参与辩论。教师应鼓励学生勤于思考、多角度思考，在思考中锻炼辩证思维能力。辩论前，学生需自主搜集资料、发现问题、提出问题，并与团队成员共同寻找解决方案。辩论中，学生可发挥团队协作精神，向对方提问或向"智囊团"求助，若仍无法解决问题，则由教师解答，最终师生共同总结得出结论。此过程能自然而然地提升学生的自学能力与问题解决能力。值得注意的是，思政课引入辩论活动对教师提出了更高要求。教师应确保辩论的流畅性、完整性与系统性，在设计辩论活动时需紧密联

系学生学习、生活实际及社会实际，优化教学流程，确保辩论式教学法高效实施，为构建高效、充满活力的思政课课堂贡献力量。

③拓宽知识视野，提升教学技能。新时代背景下，高校思政课教学内容不断更新，培养目标也随之调整，对教师知识与技能的要求日益提高。上好每一堂思政课，是教师义不容辞的责任。作为培养新时代德智体美劳全面发展的大学生的重要力量，思政课教师必须紧跟时代步伐，创新教学方法。教师的知识结构应涵盖专业知识、教学法知识及综合知识等多个方面。在思政课中引入辩论式教学法，要求教师具备深厚的专业知识基础，这是辩论活动取得成功的关键。因此，思政课教师应不断拓宽知识视野，提升教学技能，以更好地适应新时代的教学需求，为培养高素质人才贡献力量。

此外，高校思想政治理论课教师还需要具备包括人文素养和科学素养在内的综合知识，必须具备求真务实的教学态度，精心设计辩论的程序。高校思想政治理论课课堂采用辩论式教学法，可以启迪学生的思维，为学生创设精彩的课堂辩论活动，还可以提高教师的教育智慧和丰富教师的教学实践。另外，教师还能从中总结和获取更多的课堂活动组织经验，为争做新时代创新型教师奠定基础。高校思想政治理论课教师采用辩论式教学法，要事前熟悉辩论的规则与程序，掌握一定的辩论技巧，为学生挑选合适的辩论主题。高校思想政治理论课教师在此过程中应改变传统刻板的教材呈现方式，注重辩论活动过程中生成性课程资源的开发与利用，为学生创设一个围绕辩题进行自由辩论、探究解决、构建新知的真实情境，促进学生获得经验知识，使教学内容具有主题性、可接受性、生活性、连贯性，以达到丰富高校思想政治理论课教师知识结构、提高教学业务水平的目的。

（六）情景剧教学法

1.情景剧教学法的定义

情景剧教学法是一种富有创新性的教学模式，它旨在通过教师精心设计的、富含情绪色彩且形象生动的具体场景，有效激发学生的兴趣，进而助力学生深化对知识的理解，同时促进其思维能力的全面发展。

自2007年起，高校思想政治理论课教学领域迎来了一股革新风潮，其灵感源自艺术专业戏剧教学法的成功实践。情景剧教学法作为这一变革的先锋，首次被巧妙融入思政课堂，成了一种崭新的教学手段。这一创新举措极大地点燃了大学生对思政课程的学习热情，使他们从被动接受者转变为积极探究者，全身心地投入学习之中。情景剧教学法的显著成效迅速赢得了社会各界的广泛赞誉与高度认可。自此，众多高校思政课教师纷纷将其全面融入教学实践，使其成为提升教学质量、助推学生素质提升的重要法宝。

在高校思政课中运用情景剧教学法，需要教师团队进行周密的集体备课，深入剖析学生学情，精心制定教学策略并构建学习成果评价体系，从而构建出一套既易于操作又系统完整的教学模式。教师需根据课程任务与目标，精心策划与教学内容紧密相连的情景剧选题指南。学生则可自由组合或在教师指导下组建团队，通常6至8人一队，依据选题指南确定剧本主题，共同撰写剧本。随后，学生进行角色分配，紧锣密鼓地筹备拍摄视频或编排舞台剧。在评价环节，采用小组自评、互评与教师点评相结合的多元化评价方式，确保评价的客观性与公正性。最后，教师进行总结点评，对各团队的表现给予全面而中肯的反馈。

2. 高校思想政治理论课引入情景剧教学法的意义

（1）尊重学生成长规律，引发学生共鸣

高校思想政治理论课的受众是具备独立思维与认知能力的高校学生，他们绝非单纯的知识接收者。因此，在思政课的教学过程中，我们应当注重以下几个方面。

首先，要顺应学生的成长轨迹。如何将高校教材的理论框架有效转化为贴近学生实际的教学体系，是每位思政课教师都要面对的挑战。若教师仅机械地将教材内容移植到课堂，学生难免会感到枯燥乏味，教学互动也会显得生硬。如何将教材中的知识点与基本理论以吸引学生的方式呈现，实则是一种教学艺术。思政课教师必须采用学生乐于接受的方式，使教学内容更加生动有趣。要激发学生对思政课的认同与喜爱，引发他们的内心共鸣，首要任务便是实现教材体系向教学体系的灵活转化。情景剧教学法将教材重点、难点与当下国内外热点、学生生活实际相结合，能够轻松触动学生的心弦。教师可通过重现历史经典，激发学生的民族自豪感与爱国情怀，帮助他们深刻理解社会发展的客观规律；通过演绎、剖析社会热点问题，加深学生对人生目的、意义及价值的认识。在情景剧的创设中，学生能够身临其境，唤醒主体意识，主动发现问题、探讨问题并寻求解决方案。思政课教师在运用情景剧教学法时，应引导学生通过亲身体验，对思政课产生浓厚兴趣，从而提升教学的亲和力。

其次，要充分激发学生的学习主动性。新时代的高校学生以强烈的自主探索精神与批判性思维能力著称，他们更倾向于主动求知而非被动接受知识。针对这一特点，情景剧教学法应运而生，成为打破传统教学束缚的有力武器。该教学法以选定核心主题为切入点，充分尊重学生的创新精神与自主意识。在这一过程中，学生团队可根据个人兴趣、专业背景自由探索并选择具有前沿性、代表性且贴近时代、能够展现自我创意的情景剧主题。在实施阶段，情景剧教学法更是将抽象理论巧妙融入生动具体的现实情境。学生通过角色扮演、情节演绎，为原本枯燥的文字知识注入活力，使其变得生动且富有感染力。

最后，要促进理论与实践的深度融合，增强思政课的感染力。实践是检验认识的真理性的唯一标准。学生学习的最终目的在于将所学理论转化为解决实际问题的能力。理论联系实际是高校学生必备的能力之一。思政课应通过多种方式引导学生将所学知识应用于实践，解决现实问题，从而真正提升思政课的感染力与实效性。

（2）发挥隐性教育功能，提升思想政治理论课的说服力

首先，明确高校思想政治理论课教学目标，构建适宜的学习情境，强化思想政治教育。在高校思想政治理论课的实践探索中，我们创新性地融入了情景剧教学法，旨在通过隐性教育的途径，潜移默化地启迪学生深入思考。此教学模式在保持课堂教学的系统性、前沿性、知识性和严谨性之余，紧密聚焦学生学习与生活中的热点、难点，匠心独运地设计与编排情景剧内容，以期达到最佳教学效果。

其次，贯彻"三全育人"理念，构建大思政工作体系。在思想政治理论课的舞台上，情景剧教学法大放异彩，但高校需对此给予高度重视，建立情景剧教学法的联席会议机制，形成规范化的制度体系。我们应避免让思想政治理论课教师孤军奋战，而应构建起以马克思主义学院或思想政治理论课部为核心，教务处、宣传部、校团委、学生处等多部门协同作战的育人机制。同时，动员学校其他管理、教辅人员以及杰出校友担任情景剧的指导老师，共同为情景剧的成功助力。在情景剧的展演环节，高校应充分利用官方微信、官网等平台，扩大情景剧的影响力，让更多人感受到思想政治理论课的魅力。通过践行大思政的教育理念，整合校内外资源，高校应为情景剧教学法提供人才、组织、经费等全方位的支持，从而构建起"三全育人"的崭新格局。

3.情景剧教学法的运用策略

（1）践行教书育人活动的双主体理念

①确立高校学生的主体地位，激发其自觉意识。在高校思想政治理论课中融入情景剧教学法，旨在让高校学生成为学习的主导者。学生应充分利用自身的主体意识，强化学习与实践的结合。从剧本主题的构思、剧本的撰写、角色的排练到反思与改进，每一步都应紧密结合所学学科知识，展开探究式学习。通过这一过程，学生不仅能内化马克思主义的基本原理，还能培养出敏锐的问题发现能力、理性的问题分析能力和高效的问题解决能力，进而树立正确的世界观、人生观和

价值观。在实施情景剧教学法的过程中，思政课教师应积极引导学生发挥主观能动性，主动探索马克思主义理论，逐步形成自主学习的自觉习惯。

此外，在高校思政课的情景剧教学实践中，应确保班级学生全面、全程参与，教师需为每位学生分配具体的学习任务。这种沉浸式的体验学习方式，能够极大地激发学生的主观能动性和创造力。它不仅能拓宽学生的知识视野，还能有效培育学生的创新意识，锻炼学生的实践能力，丰富学生的精神世界，从而为学生的全面发展奠定坚实基础。

②以教师为主导，全面引领与推进教学进程。在高校思想政治理论课的情景剧教学实践中，教师应成为积极的引导者和组织者，而非袖手旁观者。教师应鼓励学生以情景剧为平台，融合多学科知识，开展合作性、自主性、探究性和创新性的学习活动。在此过程中，教师需全程跟进，提供细致指导，并实施有效监督，确保情景剧的创作与表演紧密围绕教学目标，沿着正确的方向推进。

情景剧的内容必须严格遵循教材体系，紧密贴合教学内容，避免将这一教学法简单化为纯粹的娱乐活动，或在观点表达、历史事实呈现等方面产生误导。通过教师的精心设计与引导，情景剧教学法不仅能够有效提升学生的参与度，还能确保教学活动的严肃性和教育性。

此外，在高校思想政治理论课的情景剧教学法实践中，教师还成功实现了线上与线下教学的有机融合，极大地提高了课程的教学实效性和吸引力，为推动高校思想政治理论课的整体发展注入了新的活力。

（2）明确情景剧教学法的教学属性

①彰显马克思主义理论学科特质。高校思想政治理论课作为马克思主义理论学科的重要组成部分，在其教学实践中融入情景剧教学法时，必须紧扣马克思主义基本原理及马克思主义中国化的丰硕成果。教师通过引导学生生动再现理论情境、历史情境与现实情境，深化对理论知识的理解，提升分析、探究与解决实际问题的能力，进而将科学理论内化为个人信念与修养，实现知行合一。

②紧扣高校思想政治理论课教学体系核心。将情景剧教学法引入高校思想政治理论课，需确保其与教材体系、教学目标及内容高度契合。在教学实践中，情景剧教学法应以高校思想政治理论课为基石，严格遵循其教学规律，紧密围绕课程的教学任务与目标展开。

（3）抓好情景剧评价与展示环节

①严格把控教学评价环节，强化学生对教学内容的认同。情景剧在高校思想政治理论课中不仅是一种教学活动，更是衡量教学成果的重要方式。在情景

剧的评价阶段，教师应事先构建全面、科学的评价指标体系，着重考察学生在情景剧中展现出的对马克思主义基本理论的理解。同时，评价指标体系应兼顾学生对知识点的掌握与理解，避免过分强调情景剧表演而忽视学术性，确保评价公正、全面。

在情景剧的互评环节，学生身兼双重角色，既是本剧组内部的评价者，也是其他剧组的观察者与评价者。这一环节不仅考察了学生的表演能力，更是对课程学习成果的一次深度检验。学生通过细致观察与深入分析，对本组及其他组同学的表现给予客观评价。互评过程如同一面明镜，折射出学生对同一事件或不同问题的多元见解。这些差异化的反馈为教师提供了宝贵的教学素材，通过深入分析学生的评价内容，教师可以精准把握学生对知识点的掌握情况，及时发现学习过程中的知识盲点。

②强化成果展示，拓宽情景剧的育人范畴。对于师生共同甄选出的杰出情景剧作品，教师应积极构建多元化的展示平台，通过网络直播、线上展览以及舞台公演等多种渠道传播，确保这些优秀作品能够获得至少两个月的广泛展示时间。这样的举措不仅能够让更多的学生、教师乃至社会各界人士观赏到富含教育意义的情景剧，还能进一步放大其育人效果，使思想政治理论课的情景剧教学成为影响广泛、深入人心的教育形式。

（七）演讲比赛教学法

1.演讲比赛教学法的含义

演讲比赛作为一种广受大、中、小学推崇的教学活动，经常被教师灵活地融入课堂教学之中。尤其对于大学生而言，演讲比赛作为一种生动的教学方式，深受他们的喜爱。在高校思想政治理论课的课堂上，运用演讲比赛教学法，能够极大地激发学生的学习主动性、创造性和竞争意识，点燃他们参与教学的热情。这种教学法不仅能够激发学生的学习兴趣和参与意识，还能够有效培养学生的创新思维，充分发挥学生的主体作用。因此，演讲比赛教学法对于全面提升学生的综合素质具有促进作用。

2.采用演讲比赛教学法的注意事项

（1）设计好演讲比赛的主题和相关要求

演讲比赛，作为一场正式的教育活动，其成功举办离不开详尽的比赛要求、明确的比赛规则以及有序的比赛流程。这些关键要素需由高校思想政治理论课教师提前精心策划并准备。设计完成后，教师既可选择将方案打印成纸质版分发给学生,也可利用现代通讯工具,如QQ、微信或电子邮箱,以电子版形式发送给学生,以便学生做好充分的赛前准备。

在筹备阶段,教师需特别注意以下几点。首先,教师应提前发布需学生自学或预习的知识点及章节内容,并鼓励学生通过微信、QQ或电子邮件等渠道与教师就学习中的疑惑进行沟通和交流。只有当学生全面且深入地理解相关知识点,才能确保演讲内容紧扣主题、不偏离核心。其次,教师应鼓励学生对演讲主题进行适度创新。虽然教师已提前设定了演讲比赛的主题和框架,但为充分发挥学生的主体性,教师应允许并鼓励学生根据自身理解、知识背景等实际情况对主题进行适当调整和创新。教师应积极引导学生勇于尝试,只要不偏离主题,都值得鼓励,以此培养学生的创新思维和实践能力。最后,教师应采取有效措施激励学生积极参与演讲比赛。例如,可以设立加分机制,为参与演讲比赛的学生,无论是策划者、主持人、参赛选手、评委,还是记分员、计时员等,根据其表现给予相应的加分,并将此成绩纳入期末综合评定,以此激发学生的参与热情。

（2）选择合适的教学内容

在高校思想政治理论课的课堂上引入演讲比赛教学法时,需明确并非所有知识点都适宜采用此法,尤其是那些理论性极强、学习难度较大的内容。对于这类知识点,更适合采用"理论讲授法＋启发式教学法＋提问式教学法"等传统且有效的教学方法。以"毛泽东思想与中国特色社会主义理论体系概论"课程为例,新民主主义的相关内容因其深厚的理论底蕴,就不宜采用演讲比赛教学法,而应以教师系统讲授为主。

然而,对于某些特定知识点,如"中国特色社会主义文化",则可通过设计恰当的演讲比赛主题来辅助教学。例如,围绕"如何弘扬中华优秀传统文化"这一主题展开演讲比赛,不仅能充分调动学生的主观能动性,还能有效活跃课堂气氛。学生在参与这一体验式教学过程中,能够更深入地理解、吸收相关理论知识,进而使党的理论、方针和政策深入人心,达到学以致用的目的。

（3）教师对演讲比赛进行点评、总结

将演讲比赛教学法融入高校思想政治理论课,不仅能够使教学手段更加多样化,还能有效地对学生的知识掌握情况进行实战性的检验。在这个过程中,演讲成了连接知识与学生的桥梁,其核心目的在于推动学生对课程内容进行深入的探索与内化,而绝不仅仅是一种形式上的展示。由于每位演讲者的展示时间有限,这就要求学生必须在课前进行充分的准备,围绕演讲主题广泛搜集相关资料,并进行深入的预习。

　　然而，考虑到高校学生之间认知水平的差异，他们在理解和把握复杂理论或时事热点时难免会出现偏差。因此，在这个过程中，教师的指导就显得尤为重要。在后续的课堂上，教师需要对学生的演讲进行细致的点评与总结，对课程内容进行进一步的阐释和梳理。特别是针对演讲中暴露出来的对知识点的理解不透彻等问题，教师应及时给予纠正和指导，确保学生能够准确把握课程的核心要点。

　　同时，教师还应具备一双慧眼，要善于发现并表扬学生在演讲中的创新之处。通过明确指出学生的优点和进步，进一步激发他们的学习积极性和创新思维。对于学生在演讲中提出的疑问或困惑，教师应耐心倾听、细致解答，确保每位学生都能获得及时、清晰的反馈和帮助。这样，演讲比赛教学法才能真正发挥其应有的作用，成为提升高校思想政治理论课教学质量和学生综合素质的有效途径。

　　（4）教师打分，并将分数计入学生期末综合成绩

　　在高校思想政治理论课的教学实践中，教师应依据学生在演讲比赛中的综合表现，为每位参赛者给出公正的分数，并将此成绩作为期末综合成绩的重要组成部分。为了更全面地评价学生的学习成效，教师应精心设计一套完善的思想政治理论课评价体系，其中特别强调过程考核的重要性。而学生参与演讲比赛，正是过程考核中的一个关键观测点。

　　在制定课程考核方案时，教师应确保方案的具体性、可操作性和公正性，明确演讲比赛在过程考核中的占比。这种将课堂教学活动参与情况与成绩挂钩的做法，不仅能够极大地激发学生的学习热情和参与积极性，还能够有效提升学生的综合素质，包括表达能力、思维能力、团队协作能力等。这完全符合高校思想政治理论课教学改革的目标要求，即以学生为中心，注重能力培养，促进其全面发展。因此，教师应认真执行这一打分机制，确保其在提升学生学习效果和推动教学改革中发挥积极作用。

（八）研究性学习教学法

1. 研究性学习教学法的含义

　　研究性学习教学法是一种新颖的教学模式，其核心在于通过教师的精心设计与引导，激发学生的主动性与积极性，促使学生以研究者的身份深入探索学习内容，从而达成教学目标。在高校思想政治理论课的课堂上，当学生在教师的明确指导和要求下，自主开展研究性学习活动时，这种教学策略即被称为研究性学习教学法。它强调了一种师生间的互动与依存关系：学生需以积极主动的态度投身于知识的探究之中，而教师则负责激发学生的探索热情，指导他们掌握研究方法

和技能，共同促进学习过程的深化。

2.研究性学习教学法的特点

①明确学生为研究性学习教学法的核心主体。在研究性学习教学法中，我们特别强调学生的主体地位。尽管从广义角度来看，教师和学生均可视为研究性学习活动的参与者，但在此教学模式下，我们着重将学生视为研究性学习教学法的核心主体。这意味着在教学活动中，学生应成为主动探索者、知识构建者和问题解决者，而教师则转变为引导者、支持者和辅助者。教师通过赋予学生更多的自主权和决策权，鼓励他们根据自身兴趣和需求选择研究课题、设计研究方案、实施研究过程，并最终呈现研究成果，从而真正实现以学生为中心的教学理念，促进学生的全面发展与个性化成长。

②研究性学习教学法服务于学科教学任务。研究性学习教学法在高校思想政治理论课中的运用，其核心特征在于它直接服务于学科教学任务，这是它与其他研究性学习形式相区别的关键标志。高校思想政治理论课教师将研究性学习教学法引入课堂，旨在通过这一方法有效完成课程教学任务，同时培养学生的研究能力、批判思维。

研究性学习教学法虽然强调学生的主体性和探究性，但它并非无目的、无计划的学习活动。相反，它必须严格遵循课程的教学大纲和目标，确保学生在探究过程中既能获得知识，又能提升能力。在高校思想政治理论课中，教师会根据课程内容和学生特点，精心设计研究主题和任务，引导学生通过查阅资料、分析案例、讨论交流等方式进行深入研究。

这种教学方法不仅要求学生要掌握基本的知识点，更重要的是培养学生独立思考并解决问题的能力。通过研究性学习，学生能够更深入地理解课程内容，将理论知识与实践相结合，形成自己的见解和观点。同时，研究性学习还能激发学生的学习兴趣和动力，使他们从被动接受知识转变为主动探索知识。

因此，研究性学习教学法在高校思想政治理论课中的运用，不仅有助于完成课程教学任务，还能提升学生的综合素质和能力。它实现了知识传授与能力培养的有机结合，是高校思想政治理论课教学改革的重要方向之一。

③研究性学习活动的周期较短。研究性学习是在高校思想政治理论课课堂教学中开展的，这就在一定程度上限制了学生研究性学习活动的课时安排，并且研究性学习教学法是为思想政治理论课教学服务的，因此它只是教学活动中的一部分，而不是教学活动的主体。高校思想政治理论课教师可以开展一次或多次研究

性学习活动，但无论次数多少，研究性学习活动的周期都是较短的、固定的。

④研究性学习教学法在思想政治理论课中的实践，是一种深度学习与自主探索的完美结合。这一教学法不仅强调学习的过程，更注重学习的结果及其呈现方式，旨在通过一系列的研究活动，全面培养学生的自主学习、团队协作能力。

在思想政治理论课的课堂上，研究性学习教学法的实施通常始于教师精心策划并发布的具体研究任务。这些任务紧密围绕课程的核心主题，既具有挑战性，又能够激发学生的学习兴趣和探索欲望。教师鼓励学生以小组合作的形式，共同投入研究中去，这不仅能够促进学生之间的交流与合作，还能培养他们的团队协作精神。

在研究过程中，学生需要围绕既定主题，广泛搜集相关资料，进行深入的分析与讨论。他们可能会通过图书馆、互联网、实地调研等多种渠道获取信息，然后运用所学的政治理论知识，对这些信息进行筛选、整理和分析。在这一过程中，学生的信息处理能力以及问题解决能力都将得到显著提升。

学生最终通过论文、研究报告、演示文稿或创意视频等形式，全面而生动地展示他们的研究成果与心得。这些成果不仅体现了学生对课程内容的深入理解，还展示了他们的创新思维和表达能力。通过这样的展示，学生不仅能够获得成就感，还能借助同学和教师的反馈，进一步提升自己的学习能力。

3.研究性学习教学法在高校思想政治理论课中运用的原则

研究性学习教学法本身是客观存在的客体，是没有有效性的，而只有作为实践主体的人，即高校学生，将研究性学习教学法运用于实践当中，才能产生其应有的效果。这里所说的研究性学习教学法的有效性是指在高校思想政治理论课中运用研究性学习教学法是有效的。将研究性学习教学法运用到高校思想政治理论课课堂中，归根到底是为高校思想政治理论课的教和学服务的。因此，判断研究性学习教学法是否有效，需要判断研究性学习教学法在高校思想政治理论课课堂教学中所发挥的作用、产生的效果等，能否对高校思想政治理论课教学目标的达成发挥促进作用。

（1）确立目标原则

在高校思想政治理论课教学中，研究性学习教学法的运用必须遵循确立目标原则。这一原则的核心是为思想政治教育和高校思想政治理论课教学服务，旨在实现教书与育人的双重使命。研究性学习不仅要求学生掌握理论知识，更强调培养学生的主体性，即自主性、选择性、能动性和创造性。在教学过程中，教师应明确研究性学习的目标，引导学生围绕这些目标展开探究，确保学生在主动学习的过程中既能获取知识，又能提升能力。学生的主体性是研究性学习的基础，也是提高教学效果的关键，因此在教学过程中应充分尊重学生的选择权和主动权，激发他们的学习潜能。

（2）关注过程原则

研究性学习教学法在高校思想政治理论课中的运用，需要教师关注学生的整个学习过程。教师应更新观念，明确研究性学习教学法的意义，不仅关注学生的学习结果，更要关注他们的学习过程。教师应定期或不定期地指导和督促学生的研究性学习活动，确保学生在正确的轨道上前进。通过关注学生的研究过程，教师不仅能更好地掌握学生的学习情况，还能及时发现并解决问题，为学生的成长提供有力支持。

（3）重视评价原则

评价是研究性学习教学法的重要环节，也是进行思想政治教育的有效手段。通过巧妙的评价方式，教师可以在学生的学习过程中实施潜移默化的思想政治教育，提升学生的接受度。与传统的单向灌输教学方式相比，这种隐性教育形式更加轻松、自然，能够让学生在放松的状态下接受教师的教诲。评价环节不仅成为师生间思想交流的桥梁，还使得教育内容能够更加顺畅地"入耳""入脑""入心"。因此，高校思想政治理论课教师应充分利用评价环节，既掌握学生的学习情况，又对学生进行有效的思想政治教育，实现教书与育人的双重目标。

（九）课前新闻播报教学法

1. 课前新闻播报教学法的含义

课前新闻播报教学法是在高校思想政治理论课中采用的一种独特的教学方式。它特指在每次课程开始前的约 10 分钟内，安排 3 至 5 名学生上台，向全班播报近期发生的国内外时事新闻。这些新闻可以通过简单的口头形式进行播报，也可以事先准备好演示文稿，以"图片＋文字"的直观方式展示。此教学法不仅鼓励学生上台播报，还积极邀请教师和其他学生参与对新闻的讨论，可以通过播报人点名提问或台下学生自由发言的形式进行互动。

这种教学法所播报的新闻内容广泛，来源于电视、广播、报刊、网络等多种渠道。学生需要自行搜集、筛选并编辑新闻，制作成演示文稿或新闻稿件后进行播报。整个过程中，学生不仅获得了展示自我、表达观点的机会，还在搜集、编辑和讨论新闻的过程中，锻炼了信息筛选、语言表达等能力。

更重要的是，课前新闻播报教学法将学生的播报表现和参与讨论的情况纳入思想政治理论课的考核体系，以此激励学生更加认真地准备和参与活动，同时也提升了他们对时事新闻的关注度和敏感度。通过这种方式，学生能够在轻松愉快的氛围中学习，提高对思想政治理论课的参与度，进而提升教学效果。

2. 课前新闻播报教学法的特点

第一，该教学法着重引导学生养成关注国家大事、紧跟世界动态以及深入剖析社会现象的习惯。通过定期播报新闻，学生将逐渐树立起作为社会成员应有的责任感和使命感，意识到自身与国家的命运紧密相连，从而更加积极地参与到社会建设和发展中去。

第二，课前新闻播报为学生提供了一个将政治理论知识与实际事件相结合的平台。通过播报和讨论新闻，学生能够直观地感受到政治理论知识在现实生活中的应用价值，进而加深对理论的理解，并学会如何运用这些理论去分析和解决实际问题。

第三，该教学法还着重锻炼学生的综合能力。在准备新闻播报的过程中，学生需要动脑去筛选信息、构思内容，动口去清晰表达，动手去制作演示文稿或准备相关材料。这一系列的活动不仅能够有效提升学生的语言组织能力和舞台表演能力，还能显著增强他们的自信心，为未来职业发展奠定坚实的基石。

同时，通过课前新闻播报，教师能够更深入地了解学生的兴趣点、关注焦点以及可能存在的疑惑。这些信息对于后续的课堂教学至关重要，因为它们可以帮助教师更加精准地把握学生的需求，从而提供更具有针对性的教学素材，使课堂教学更加贴近学生的实际。

第四，课前新闻播报教学法还致力于实现教学模式的根本性转变。它打破了传统的"教师主导"模式，让学生真正成为学习的主人。在播报和讨论的过程中，学生将主动地去探索、去发现、去创造，从而激发出更大的学习热情和动力。

第五，该教学法以新颖的形式创新了教学内容，极大地吸引了学生的注意力。与传统的单调讲授相比，课前新闻播报以其鲜活的内容和生动的形式赢得了学生的喜爱。这种教学方式不仅提高了课堂教学的吸引力和实效性，还让学生在学习的过程中感受到了更多的乐趣和成就感。

3. 课前新闻播报教学法的具体实施

①思想政治理论课教师布置任务。教师可在每个学期开学前将课前新闻播报教学任务布置下去，也可以在前一次课布置任务，具体布置程序由教师自己定。

将课前新闻播报教学法贯穿思想政治理论课课堂的全过程，形成一种惯例，让课前新闻播报教学法成为高校思想政治理论课课堂的重要组成部分。

②课堂播报。每次课前利用 10～15 分钟时间播报新闻。由课前准备好的学生依次轮流上台播报。播报形式不限，由学生自行决定，可以由单个学生上台独播，也可以小组的形式共同上台联播；播报人可以像新闻主播一样侃侃而谈，也可以将新闻制作成精美的课件，或者是形象生动的视频；在播报的时候，可以由播报人从头讲到尾，也可以让台下的学生共同参与进来。必要的时候，播报人组织全班学生对新闻进行讨论。最后，思想政治理论课教师对播报人进行点评，引导学生正确认识社会现象。同时，学习委员对在台上进行新闻播报的学生和台下参与讨论的学生做好登记，作为思想政治理论课活动加分的重要依据。

③期末回头看。每个学期结束时，教师要组织开展"课前新闻回头看"评比活动，推选出该学期"最受欢迎的新闻播报员"和"关注度最高的新闻"。

4.课前新闻播报教学法应遵循的原则

（1）思想性与时效性相统一的原则

课前新闻播报教学法，作为一种创新性的教学方式，在高校思想政治理论课中发挥着重要作用。为了充分发挥其效用，必须坚守思想性与时效性相统一的原则。

首先，思想性是思想政治理论课的灵魂。这门课程的根本目的在于引导学生树立正确的世界观、人生观和价值观，培养他们成为中国特色社会主义的合格建设者和可靠接班人。因此，在课前新闻播报的选择上，教师必须严格把关，确保新闻素材弘扬真善美、鞭挞假恶丑，传递正能量，与社会主义核心价值观相契合。同时，新闻的真实性至关重要，绝不能提供虚假信息，以免误导学生，损害课程的权威性和公信力。

其次，时效性则是课前新闻播报教学法的活力所在。高校思想政治理论课有时因内容抽象或讲授方式单一而显得枯燥，难以持续吸引学生的注意力。而课前新闻播报恰好能够弥补这一不足。引入最新且具有较高时效性的社会现实事件，并将其作为解读教材理论知识的鲜活案例，不仅能够拉近理论与实际的距离，还能增强学生的代入感和参与感。这样，学生在了解时事的同时，也能更深刻地理解教材知识，提升学习效果。

在实施课前新闻播报时，教师应特别注意新闻素材的选择与整合。一方面，要确保新闻内容与教材知识体系存在一定的关联，以便学生能够通过新闻播报更好地理解和掌握教材内容；另一方面，也要注重新闻的新鲜性和反映社会现实的能力，选择那些能够引起学生共鸣、激发他们思考的新闻素材。

（2）主体性与主导性相统一的原则

在高校思想政治理论课中实施课前新闻播报教学法，强调教师与学生共同参与，但各自要扮演不同的角色。教师作为引导者，指导学生进行新闻播报的各项准备工作，包括确定新闻资料的搜集方向、筛选具体资料、掌握新闻播报技巧以及注意播报时的细节。而学生则处于主体地位，他们在前期准备阶段自发组成小组，讨论并确定播报选题，搜集整理资料，制作课件。在课堂播报时，学生或小组代表进行新闻播报。之后，台下学生和教师共同参与点评，依据既定规则为播报者打分。最终，在教师的指导下，学生还会参与评选"播报月冠军"和"最佳播报团队"等活动，以总结和提升播报效果。这一过程充分体现了主体性与主导性相统一的教学原则。

（3）客观性与激励性相结合的原则

在高校思想政治理论课课堂引入课前新闻播报教学法，必须遵循客观性与激励性相结合的原则。新闻播报人必须播报客观存在的国内外热点、难点问题，即内容必须属实，不可以凭空捏造，播报人不可以抛开客观存在的事实随心所欲的播报。同时，台下学生进行点评时，也要遵守实事求是的原则，做到客观公正。教师在学生播报完后进行点评时，也要客观评价，以激发学生参与的主动性和积极性。同时，教师还要提出更高的要求，激励学生认真准备新闻播报内容、创新新闻播报方式，营造一种人人参与、班班参与、全校师生参与思想政治理论课课前新闻播报的良好氛围。

5.课前新闻播报教学法的运用策略

（1）教师要善于引导和分析，提高学生对新闻的认知水平

在课前新闻播报教学法中，教师的角色至关重要，他们不仅是知识的传递者，更是学生认知提升的引导者。面对学生可能存在的视角偏差以及解读能力不足等问题，教师需要采取一系列有效措施来提升学生的新闻认知水平。

首先，教师应发挥科学引导的作用。在新闻筛选和解读过程中，教师应指导学生如何辨别新闻的真实性，如何深入剖析事件的本质，以及如何培养批判性思维。这要求教师不仅要具备扎实的专业知识，还要关注时事动态，了解社会热点，以便更好地引导学生。

其次，教师应注重培养学生的独立思考与理性判断能力。通过引导学生对新

闻事件进行深入分析，帮助他们形成正确的世界观、人生观和价值观。同时，对于学生表现不足的地方，教师应及时指出并正确引导，避免学生陷入误区。

在面对社会敏感问题时，教师应勇于直面回应，帮助学生认识问题的本质。通过把问题说清楚、讲清楚，达到教书育人、释疑解惑的目的。这要求教师具备较高的政治素养和敏锐的政治洞察力，以确保新闻播报的正确政治方向。

最后，教师还应对学生播报的重要新闻事件以及未关注到的内容进行必要的补充。这要求教师不断学习，关注国内外热点新闻，拓展自己的思维空间，以便更好地指导学生。

在点评环节，教师应客观、精确、全面地点评学生的播报内容，既要肯定学生的努力和进步，也要指出存在的问题和不足。通过中肯的评价，激发学生的学习兴趣和积极性，提高他们的新闻认知水平。

（2）教师要引导学生把握播报新闻内容与教材内容的结合点

在高校思想政治理论课课堂引入课前新闻播报教学法，学生应深思熟虑所选择的播报内容，而非随心所欲，关键在于将拟播报的新闻素材与教材中的知识点紧密结合，形成一种有机的联系。在播报后的点评环节，教师与学生共同对新闻事件展开深入讨论，以此激发学生的学习热情，同时引导他们更加关注国家大事与社会热点。为了确保课前新闻播报教学法的有效实施，学生应避免仅为获取平时加分或完成播报任务而选择与教材体系联系不紧密的新闻素材。相反，他们应在教师的引导下，精心挑选那些与教材知识点紧密相关、具有代表性和启发性的新闻进行播报。

（3）发挥课前新闻播报教学法的积极作用

课前新闻播报教学法在高校思想政治理论课中的引入，不仅增强了课堂的吸引力与趣味性，更重要的是，它为学生提供了一个接触社会现实、思考价值问题的平台。要充分发挥这一教学法的积极作用，教师需要在学生播报新闻后，积极组织讨论，引导学生深入分析新闻背后的社会现象、价值观念及潜在问题。

首先，教师应鼓励学生从多角度、多层次剖析新闻事件。例如，让学生讨论新闻中反映的社会问题，如价值观缺失、道德滑坡等，引导其反思这些现象背后的原因，以及它们对个人和社会的影响。这种反思不仅有助于学生形成批判性思维，还能增强他们的社会责任感和道德意识。

其次，教师还应鼓励学生主动挖掘社会热点和难点问题，并将其作为新闻播报的素材。这不仅能提高学生的新闻敏感度和信息搜集能力，还能使他们在准备播报内容的过程中，更加深入地了解社会现实，加深对社会的认知和理解。

最后，教师还可以引导学生对现有新闻素材进行创新性加工，加入自己的观点和评论。通过对新闻内容的再创作，学生可以更加深刻地理解新闻所反映的道德问题和思想问题，形成自己的独特见解。这种创新性的学习方式不仅能够提升学生的思维能力，还能激发他们的学习兴趣和创造力。

（十）微视频教学法

在当今互联网技术日新月异的时代背景下，微视频作为一种新兴的媒介形式，已经深深融入人们的日常生活，其影响力日益显著。在此背景下，将微视频教学法引入高校思想政治理论课，不仅是对时代潮流的积极响应，更是对传统教学模式的一次富有创新意义的革新。

微视频，顾名思义，是通过多种技术手段精心制作而成的视频片段，其时长通常控制在 20 秒至 20 分钟之间。短小精悍、内容丰富、便于随时随地观看的特点，使得微视频迅速成为人们青睐的信息获取方式。

为了进一步提升高校思想政治理论课的教学质量，众多教师纷纷将微视频教学法引入课堂，取得了显著成效。这些微视频形式多样，包括但不限于电影片段、新闻短片、广告等，它们不仅具备较高的观赏性和娱乐性，更蕴含着丰富的思想政治教育价值。

在当今的电商平台、公益节目、电影、电视节目等媒介中，蕴含着大量的微视频资源，其中不乏具有深刻思想政治教育意义的作品。高校思想政治理论课教师若能将这些微视频巧妙地融入课堂教学之中，不仅能够丰富教学内容，拓宽学生视野，还能有效激发学生的学习兴趣，提升他们的参与度。

总之，微视频教学法的引入为高校思想政治理论课注入了新的活力，它不仅顺应了时代发展的需求，更在提升教学质量、创新教学模式方面发挥了重要作用。随着微视频资源的不断丰富和教学技术的不断进步，我们有理由相信，微视频教学法将在未来的高校思想政治理论课中发挥更加重要的作用。

1.在高校思想政治理论课中引入微视频教学法的作用

（1）有利于完善教学内容

微视频以其多样化的内容形式，不仅是对教材内容的补充，有时还能提供与教材相辅相成的独特视角。在新时代背景下，将微视频教学法融入高校思想政治理论课已成为一种趋势。相比网络上的泛泛资源，微视频更具针对性，能够紧密围绕教材知识点展开，直接服务于课堂教学，有效充实和深化了教学内容，极大地激发了学生的学习兴趣。

（2）有利于点燃学习热情，激发探索欲

兴趣是最好的老师，对于高校学生而言更是如此。他们渴望新颖、互动性强的学习方式。微视频教学法可以将枯燥的理论知识转化为生动、直观的视频内容，融合了文字、声音、图像等多种元素，使学习体验更加丰富多元。这种创新方式不仅符合当代大学生的信息接收习惯，还能有效吸引他们的注意力，激发其主动探索知识的欲望，让学习过程变得更加有趣和高效。

（3）有利于促进师生互动，实现主动学习

微视频教学法为高校思想政治理论课带来了全新的互动模式。通过制作或观看微视频，学生不仅能够深入理解知识点，还能在实践中发现问题、提出问题，与教师形成有效的双向沟通。这种教学模式打破了传统单向灌输的局限，鼓励学生主动参与、积极思考，形成了良好的师生互动氛围。学生在制作微视频的过程中，不仅锻炼了实践能力和团队协作能力，还加深了对知识点的理解。

（4）有利于推动教学改革，创新教学模式

微视频教学法的引入，标志着高校思想政治理论课教学的一次重要革新。它丰富了传统教学载体，使理论知识更加鲜活、易于接受；同时，它也革新了传统教学模式，鼓励学生自主学习、探索创新，成为课堂的主角。此外，微视频教学法还显著改善了教学效果，拉近了师生之间的距离，缩小了学生之间的差异，为提升教学质量奠定了坚实基础。

（5）有利于提升教学质量，深化教育内涵

微视频教学法在高校思想政治理论课中的应用，不仅促进了教师对学生世界的深入理解，也让学生更好地融入社会、感知世界。通过引导学生制作与思想政治教育相关的微视频，教师可以有效激发学生的主观能动性，让他们在创作中融入个人体会和情感，从而增强微视频的感染力和说服力。同时，微视频较强的互动性也为师生之间的交流提供了新渠道，使思想政治教育更加贴近学生实际、更加深入人心。

2.在高校思想政治理论课中引入微视频教学法的路径

为了确保微视频教学法能够高效且深入地融入高校思想政治理论课的教学体系，关键在于克服实践中的挑战，充分发挥教师与学生的双重作用。以下是针对这一目标的具体实施路径。

（1）提高微视频结构和内容的完整度

在高校思想政治理论课中应用微视频教学法，首要任务是提升微视频结构和内容的完整度。这要求微视频不仅与教材知识点紧密相连，还应融入时代精神和思想政治教育元素。教师需引导学生深入理解教材，选取与教学目标高度契合的主题，并设计引导性问题，激发学生思考。同时，微视频的制作应体现知识点的系统性，避免碎片化，确保学生能够全面、深入地掌握思想政治教育内容。

（2）发挥教师的主导作用

高校思想政治理论课教师应成为教学改革的引领者，坚持"八个相统一"的原则，特别是在"建设性与批判性相统一"的指导下，积极应对各种错误思潮。教师应坚定马克思主义信仰，保持对社会热点的敏锐洞察，并充分认识到微视频教学法的双重性——既是教学工具，也可能带来潜在风险。因此，教师需严格把关学生制作的微视频，确保其内容的准确性和导向的正确性。同时，教师应指导学生提升信息素养，帮助他们更好地理解和应用微视频教学法。

（3）发挥学生的主体作用

微视频教学法的成功实施还取决于学生的积极参与和主动创造。大学生应树立主体意识，将微视频制作视为学习的一部分，而不仅仅是任务。他们应结合自身专业知识和技能，创造性地制作微视频，既反映教材内容，又体现个人见解。通过这一过程，学生不仅能够加深对思想政治教育内容的理解，还能将所学知识转化为实际行动，实现知识的内化和外化。同时，鼓励学生制作具有立德树人功能的微视频，不仅能够拓宽教学广度，还能增强教学的针对性。

第三节　高校思想政治理论课教学模式改革

一、"四个课堂"结合教学模式

（一）"四个课堂"概念的具体内涵

"四个课堂"这一概念，具体而言，涵盖了四个不同维度的教学环境与学习空间。

第一课堂，乃是传统意义上的教室教学场景，这里是教师传授理论知识的主阵地，学生通过教师的讲解与引导，在教室里系统地学习理论知识，构建起学科知识体系的基础框架。

第二课堂，则超越了日常教室教学的范畴，它主要指的是校园内的课外活动课堂。这些活动作为教学计划与教学大纲所规定的必修教学内容的延伸，旨在通过更加丰富多样的形式，如社团活动、学术讲座、文体竞赛等，来拓宽学生的视野，增强其实践能力，促进理论知识与实践经验的有机融合。

第三课堂，则将学习的触角延伸至正常教学活动时间之外的假期实践活动中。这些实践活动不仅包含了必修教学内容和教学大纲要求之内的延伸活动，还广泛涵盖了各类具有教育性质的实践活动，如社会调研、志愿服务、实习实训等。通过这些活动，学生能够更加深入地接触社会，理解现实，将所学知识应用于实际，进一步提升自身的综合素质。

第四课堂，则是随着网络新媒体的蓬勃发展而诞生的网络课堂。它打破了时空的限制，通过网络教案、网络教学课件、网络习题库、网络教学视频以及网络在线答疑等多种形式，为学生提供了一个更加灵活、便捷的学习平台。在这里，学生可以随时随地获取学习资源，进行自主学习，实现知识的更新与拓展，同时也为师生之间的即时交流与互动提供了可能。

（二）"四个课堂"结合教学模式实施评价

当前，对"四个课堂"结合教学模式的教学改革研究在理论上和实践上仍存在一定的不足，主要体现在以下方面。第一，研究和实践的视域比较单一，多数局限于第一课堂，容易导致思想政治理论课教学任务无法正常完成。第二，"四个课堂"结合教学模式的探索，往往独立于学生的日常学习和生活，即学生是在学校的正常学习时间内以及在教师规定的教学时间内完成以上学习任务的，学生往往为完成任务采用网络搜索引擎获取资料和信息，容易导致与社会现实生活结合不够紧密，学生运用思想政治理论课所学理论分析问题、解决问题的能力不足。第三，"四个课堂"结合教学模式的实践，往往单一化为思想政治理论课教师与学生的互动，忽视了思想政治教育实质是一个系统工程，应该构建全方位、多层次、宽领域的思想政治理论课教学体系。目前，思想政治理论课教研部与学校其他部门衔接不够紧密，思想政治教育往往是各自为战，容易导致思想政治教育深度不够、系统性不强、效果减弱等问题。第四，对思想政治理论课网络平台的开发和利用不够，利用学生日常接触的新媒介手段和方法欠缺，忽视现代媒体在思想政治理论课教学中的地位和作用。

（三）"四个课堂"结合教学模式的预期效果

构建"四个课堂"结合教学模式，旨在打破传统教学模式的局限，通过整合理论教学课堂、实践教学课堂、网络互动课堂及自主学习课堂，全面提升教学效果。预期效果体现在以下几个方面。

首先，该模式能够显著激发学生的学习兴趣。多样化的教学手段和互动方式，如案例分析、角色扮演、在线讨论等，使学生从被动接受转为主动探索，提高了学习的实效性。

其次，该模式有助于促进师生关系的转变，构建更加平等、互动性强的教学环境。教师不再是单一的知识传授者，而是成为学生学习过程中的引导者和伙伴。学生则成为学习的主体，积极参与课堂讨论和实践活动，与教师共同探索知识的奥秘。

此外，该模式还能提升教学质量与实效性。通过理论教学与实践教学的紧密结合，以及网络互动与自主学习的有机结合，学生不仅能够系统地掌握理论知识，还能在实践中深化理解，形成完整的知识体系。同时，教师也能根据学生的反馈及时调整教学策略，实现因材施教，提高教学针对性。

最后，该模式对推动思想政治教育创新具有重要意义。它不仅有助于解决当前思想政治理论课教学中存在的问题，还能为未来的教育改革提供有益的参考和借鉴。通过不断探索和实践，"四个课堂"结合教学模式有望成为思想政治理论课教学的新常态，为培养具有创新精神和实践能力的高素质人才贡献力量。

二、对分课堂教学模式

对分课堂教学模式以建构主义学习理论、心理学、认识学等丰厚知识为理论沃土，并扎根于中国本土的教学实际，是当代教学手段革新的优秀代表，是混合式教学的重要组成部分，是易于操作且行之有效的新型课堂教学模式。

（一）高校思想政治理论课实施对分课堂教学模式的基本条件

高校思想政治理论课实施对分课堂教学模式需要一定的条件作为支撑，这些条件是前提和基础，前提扎实、基础充分则教学才有实施的可能性。如果缺少了这些条件，对分课堂教学模式在高校思想政治理论课中的推行就会受阻。这些条件归纳起来有两个：一是合理定位师生关系。对于传统课堂教学中师生角色和时间、空间分配比要进行基于新的教学模式的审视，这是对分课堂教学模式开展的逻辑起点。二是有效选择教学方法。要在教学方法上进行预设和甄别，做好课前设计、课中调整和课后反思，要在综合使用讲授法、讨论法的过程中发挥其各自优势，并辅以多媒体教学手段、典型案例教学法等。

1. 合理定位师生关系

合理定位师生关系是对分课堂教学模式在高校思想政治理论课中有效实施的

关键。传统教学模式下的师生关系往往不平等，教师作为绝对的主导者，拥有不容置疑的权威，而学生则处于被动接受的地位。这种关系模式在一定程度上抑制了学生的主动性和创造性，不利于教学效果的提升。

对分课堂教学模式则致力于打破这种传统的师生关系，寻求一种更加平等、和谐的互动模式。在这一模式下，教师的权威得到适度的减弱，而学生的主体地位得到充分的尊重。教师不再是单纯的知识传授者，而成了教学活动的组织者、知识的传授者、讨论环节的指导者以及评价环节的总结者。这种角色的转变，使得教师能够更加灵活地根据学生的实际情况和需求调整教学策略，从而更好地激发学生的学习兴趣。

在教学环节，教师负责讲授课程内容的框架和重难点，引导学生进行思维拓展和问题探究。这一环节要求教师既要注重专业知识的准确性，又要关注学生的个体差异，设置的问题既要有挑战性，又不能过于晦涩难懂。通过这样的方式，教师能够帮助学生建立起初步的知识框架，为后续的自主学习和讨论打下坚实的基础。

在内化吸收环节，学生则成为学习的主体。他们根据教师的指导，同时结合查阅的资料，对目标内容进行深入的自我理解和内化。这一过程是一个动态反馈的过程，学生需要不断地思考、探索和实践，只有这样，才能最终完成知识的内化。

而在讨论环节，学生则扮演着知识交流者的角色。他们将自己的理解和观点与小组成员进行分享和交流，通过思想的碰撞和讨论，不断拓宽自己的视野和思维路径。这种讨论不仅有助于学生深入理解课程内容，还能够培养他们的团队协作能力和批判性思维。

总的来说，对分课堂教学模式下的师生关系是一种平等的关系。教师不再是单纯的主导者，而是成了学生学习的引导者和伙伴；学生也不再是被动的接受者，而是成了学习的主体和知识的探索者。这种关系的转变不仅有利于提升教学效果，还能够促进学生的全面发展和成长。因此，在高校思想政治理论课中实施对分课堂教学模式时，必须合理定位师生关系，以确保教学活动顺利进行和教学目标的有效实现。

2. 有效选择教学方法

教学方法是教育过程中不可或缺的一环，它直接关联着教学效果的优劣和学生学习体验的好坏。在对分课堂教学模式下，教学方法的选择与应用显得尤为重要。这一模式不仅保留了传统讲授法的精髓，更在此基础上融入了讨论法、多媒体教学法等多种教学方法，旨在通过灵活多变的教学方式，激发学生的学习兴趣，提升他们的自主学习能力，最终实现教学效果的最大化。

讲授法作为最经典的教学方法，其地位不容忽视。在对分课堂教学中，讲授法依然是传授知识、构建知识体系的重要手段。然而，传统的讲授法往往容易陷入单调乏味的境地，导致学生学习积极性不高。因此，教师在运用讲授法时，应注重内容的深入性、系统性和新颖性，结合多媒体手段丰富讲授形式，如通过生动的案例、有趣的视频等，使抽象的理论知识变得具体可感，从而提高学生的学习兴趣。

与此同时，讨论法的引入为对分课堂教学注入了新的活力。通过参与课堂讨论，学生可以主动思考，进而培养自身的批判性思维和团队协作能力。教师在组织讨论时，应精心选择讨论主题，确保其与教学内容紧密相关，并能引发学生的深入思考。同时，教师还应给予学生充分的表达空间，鼓励他们提出自己的观点和见解，并在讨论中进行有效的引导和反馈，帮助学生厘清思路、深化理解。

此外，多媒体教学法在对分课堂教学中也发挥着重要作用。多媒体技术以其直观、生动的特点，能够为学生提供更加丰富的学习资源和视觉体验。教师可以通过制作精美的PPT、播放相关视频等方式，将抽象的理论知识以直观的形式呈现出来，帮助学生更好地理解和掌握。同时，多媒体教学法还能拓宽学生的视野，激发他们的探索欲望。

值得注意的是，对分课堂教学的成功并非单一教学方法的功劳，而是多种教学方法相互融合、优势互补的结果。教师应根据教学内容、学生特点和教学目标，灵活选择并组合使用多种教学方法。例如，在讲授理论知识时，可以采用讲授法，并结合多媒体教学法，使知识更加生动、直观；在引导学生深入思考时，可以采用讨论法，激发他们的思维火花；在复习巩固时，可以采用案例分析、小组讨论等多种形式，加深学生对知识的理解和记忆。

总之，有效选择教学方法是对分课堂教学成功的关键。教师应不断探索和创新教学方法，根据实际情况灵活运用多种教学手段，确保所选取的教学方法既符合教学规律，又能满足学生的学习需求，从而实现对分课堂教学的优化和提升。

（二）对分课堂教学模式应用于高校思想政治理论课的实施方法

对分课堂教学模式应用于高校思想政治理论课中，需要从对分课堂的三个环节入手，细织、密织每一个环节的工作网，确保在讲授环节所讲授内容直击核心，使学生"听"到重点；确保在内化吸收环节合理介入，使学生"思"而有道；确保在讨论环节科学指导，使学生"化"为己用。达到这些效果，需要把思想政治理论课教学做细、做实。对分课堂教学模式看似减轻了教师的"负担"，实际上对教师的能力要求更高了。这就需要高校思想政治理论课教师增强意识和本领。

1. 讲授内容直击核心，使学生"听"到重点

高校思想政治理论课因其知识点密集且趣味性相对较弱，对教师的教学能力提出了更高要求。在这样的背景下，确保学生能够"听"到重点，成为提升教学效果的关键。

（1）精准把握讲授内容，直击核心知识点

教师在授课过程中，应避免盲目地灌输知识，而应精心挑选并聚焦核心知识点。深入剖析这些关键点，不仅能够帮助学生建立起知识框架，还能激发他们的思考与探索欲。教师应将复杂的理论知识化简为易，用通俗易懂的语言和生动的实例来解释抽象概念，使学生在轻松愉快的氛围中掌握重点。

（2）注重讲授方法，提升听课效果

讲授法并非简单的知识传递，而是一种艺术。在对分课堂教学模式下，教师更应注重讲授的技巧和方法。例如，在讲授"马克思主义基本原理"等理论性较强的课程时，教师应先梳理出课程的逻辑思路，明确重难点，并以简洁明了的方式呈现给学生。同时，教师应通过提问、讨论等方式引导学生参与课堂互动，加深他们对知识点的理解和记忆。

2. 合理介入，使学生"思"而有道

在对分课堂教学模式下，内化吸收环节是学生学习过程中的关键环节，它要求学生能够独立完成对知识的理解和吸收。然而，由于学生知识储备和学习能力的差异，独立学习往往容易陷入散漫和低效的困境。为了确保学生能够高效、有序地进行内化吸收，教师的合理介入显得尤为重要。

（1）提前规划，指明重点

学生独立学习时可能因缺乏方向而偏离教学内容，影响学习的系统性。因此，教师需要提前规划，为学生指明学习的重点和路径。正如张学新教授所比喻的，教师应像挖洞者一样，为学生预设好学习的"洞穴"，使他们在自主挖掘的过程中能够顺利接通知识，形成完整的知识体系。

（2）精选内容，聚焦重点

鉴于课堂时间有限，学生不可能在短时间内全面掌握所有内容。因此，教师

应引导学生精选学习内容，聚焦于课堂讲授的重点和难点。让学生自由选择一两个重点进行学习，可以确保他们在有限的时间内取得最大的学习效益。

（3）即时指导，提升效率

为了帮助学生更有效地进行内化吸收，教师需要指导他们采用合适的学习方法。例如，建议学生做读书笔记，运用思维导图等形式对所学内容进行梳理和总结。这样不仅可以加深学生对知识的理解，还能提高他们的自主学习能力。同时，教师也需要为学生的读书笔记"画道"，即提供一定的框架和指南，确保学生的思考和学习方向正确。

（4）灵活调整，隔堂对分

为了给学生更多思考和内化的时间，教师可以尝试采用隔堂对分的教学模式。这种模式下，讲授与独立学习、作业完成之间有一定的时间间隔，使得学生能够更加灵活地安排自己的学习时间。同时，这也为教师提供了更多的机会来规划和调整教学内容，确保学生的学习过程更加有序和高效。

3.科学指导，使学生"化"为己用

讨论环节作为对分课堂教学模式中不可或缺的一环，是学生将前期所学知识内化吸收并反馈的关键阶段。这一阶段通过"亮考帮"模式——"亮闪闪""考考你"和"帮帮我"，鼓励学生主动分享学习成果、检验理解深度并提出疑问，从而深化学习体验，促进知识的实际应用。

（1）亮闪闪：分享收获，增强自信

"亮闪闪"环节鼓励学生找出并分享课堂学习中最有价值的知识点。这一过程不仅能帮助学生巩固记忆，还能增强他们的自信心和学习动力。通过分享，学生能够从不同的角度理解同一知识点，进而拓宽视野，激发学习兴趣。

（2）考考你：检验理解，促进交流

"考考你"环节要求学生用自己掌握得较为透彻的知识点来考察小组其他成员。这种互动不仅检验了学生对知识点的掌握程度，还促进了学生之间的交流与合作。通过提问与解答，学生能够更深入地理解知识点，并学会如何有效地传达信息。

（3）帮帮我：提出问题，共同解决

"帮帮我"环节鼓励学生提出自己无法解答的问题，寻求小组或全班的帮助。这一环节鼓励学生勇于面对挑战，进而培养批判性思维和解决问题的能力。同时，通过集体讨论和解答，学生能够学会如何从不同角度思考问题，寻找多种解决方案。

在讨论环节中，教师的角色至关重要。教师不仅是组织者，更是倾听者和指导者。教师需要科学指导讨论过程，确保讨论主题明确、切入要害。教师可以将讨论环节分解为小组讨论和全班讨论两个阶段，以促进学生之间的深入交流与合作。

在小组讨论中，教师应鼓励学生自由结合，形成稳定的小组，并引导他们积极阐述自己的观点和疑问。教师应关注每个小组的讨论情况，并及时给予指导和帮助。在全班交流中，教师可以通过随机提问、启发引导和组织自由提问等方式，激发学生的参与热情，促进全班范围内的知识共享和问题解决。

最后，教师应做简要总结，回顾讨论重点、有效成果和未解决的问题，并鼓励学生将所学知识应用到实际生活中去，实现知识的"化"为己用。通过科学指导，教师能够帮助学生更好地内化吸收知识，提升他们的自主学习能力和批判性思维能力。

三、生态教学模式

生态教学模式的构建，是对生态文明理念下生态价值取向教育理论的深入探索，为教育学学科的发展开辟了新的视角。它紧密贴合生态文明的发展需求，根植于生态教育实践，成为提升高校思想政治理论课教学效果的关键途径。

（一）生态教学模式的内涵

生态教学模式是一种将教学视为一个整体，用生态学的视角来审视课堂教学的方法论。在这种模式下，课堂教学被看作一个动态的、和谐的、生成性的生态系统，其中包含了学生、教师、教学内容和课堂环境等多个构成要素。这些要素之间相互关联、相互影响，共同构成了一个完整的"生态教学系统"。

在高校思想政治理论课中，生态教学模式的应用尤为关键。在这一特定的教学场景中，学生被视为主体，他们的学习需求、兴趣和能力是教学设计的核心考虑因素。教师需要发挥主导作用，通过精心设计和引导教学活动，激发学生的学习兴趣，培养他们的自主学习能力和批判性思维能力。

教学内容则作为连接学生和教师的桥梁，起着至关重要的作用。它不仅包括理论知识的学习，还涵盖了实践技能的培养和价值观的塑造。在生态教学模式下，教学内容应当注重知识的系统性和连贯性，同时也要关注学生的实际需求和学习特点，做到因材施教。

课堂环境也是生态教学模式中不可忽视的因素。一个舒适的课堂环境能够激发学生的学习热情，提高他们的参与度。因此，教师需要营造一个开放的、包容性强、鼓励创新的课堂氛围，让学生在轻松愉快的环境中学习和成长。

（二）生态教学模式设计理念

1. 和谐的教育理念

和谐，作为一种哲学理念，不仅象征着和睦与团结，更蕴含着深层次的哲学意义，即共同奋斗、政治清明、人际关系和谐以及内部与外部关系的顺畅。在教育领域，引入"和谐"理念，旨在促进大学生个体的全面发展与身心的和谐统一。通过协调各种教学元素，如教师、学生、课程内容与环境等，我们力求营造一个和谐的教学氛围，使学生在这样的环境中自由探索、积极学习，从而实现知识与人格的同步成长。同时，这种和谐的教育理念还鼓励学生积极参与社会活动，推动文化的繁荣发展，并培养他们与自然和谐共处的价值观。

2. 可持续发展的教育理念

可持续发展观作为现代社会的核心理念之一，为高校思想政治理论课的教学提供了重要的指导方向。在生态教学模式中，我们强调以可持续发展观为指导，致力于培养学生的主体意识，并营造优质的学习环境。这一理念不仅关注学生的当前发展，更重视他们的未来发展。通过融入可持续发展观念，我们期望能够激发学生的创新思维，帮助他们形成全局观念，从而在快速变化的社会中保持竞争力与适应力。同时，这一理念也强调教学模式应与学生的全面发展相契合，确保他们在获得知识的同时，也能培养学生健全的人格与高尚的道德情操。

第四节　高校思想政治理论课教学评价改革

高校思想政治理论课的教学质量与效果，直接影响着大学生的思想政治素质及其健康成长。科学评价高校思想政治理论课的教学成效，是党和国家、社会以及高校共同关注的重要课题。深入探讨和研究思想政治理论课教学评价的有关问题，不仅是思想政治理论课教学过程和课程建设中的一项重要内容，也是促进马克思主义理论学科建设，进一步增强思想政治理论课教学针对性、实效性的重要手段。

一、高校思想政治理论课教学评价的理论阐释

高校思想政治理论课教学评价是指根据党和国家的教育方针及思想政治理论

课教学目标，依据一定的标准、程序和技术手段，对思想政治理论课教学实施过程及其实际效果做出价值判断，并为思想政治理论课教学改革与创新提供依据和决策服务的活动。

（一）高校思想政治理论课教学评价的主要功能

高校思想政治理论课教学评价按照不同的需求和标准，可分为多种类型，如诊断性评价、过程性评价和总结性评价，自我评价与他人评价，教师评价与学生评价，学校评价、政府评价和社会评价，单项评价与综合评价，定量评价与定性评价等。无论哪种类型的评价，其主要功能可概括为导向与强化功能、诊断与反馈功能、研究与咨询功能等。

1.导向与强化功能

教学评价如同一盏明灯，为教学活动指明了方向，并通过对教学过程的评估与反馈，提升了教学效果。它基于明确的标准和目标，对教学活动的各个方面进行价值判断，包括教学目标的清晰度、教学过程的合理性以及教学效果的有效性等。对于高校思想政治理论课而言，教学评价更是承载着重要的政治导向和价值导向使命。它要确保教学活动紧密围绕党和国家的教育方针展开，引导大学生树立正确的政治方向，形成科学的世界观、人生观和价值观。这种导向作用不仅确保了教学活动的正确方向，也为教师的教学改革提供了清晰的思路，同时加深了学生对科学理论的理解，有力推动了教学目标的全面实现。

2.诊断与反馈功能

在教学评价体系中，诊断与反馈机制扮演着至关重要的角色，它们不仅是优化教学过程、提升教学质量的关键步骤，也是推动教学改革深入发展的重要动力。针对高校思想政治理论课而言，这一评价机制通过全面审视和分析教学实践活动的各个环节，为课程的持续改进提供了有力支撑。

具体而言，教学评价如同一面镜子，能够清晰地反映出课程设置、教育理念、教学管理、教学保障、教学过程、教学改革以及教学质量等方面是否达到了既定的目标和要求。这一过程不仅能够精准诊断出各个教学环节及相关要素中的亮点与不足，还能够深入剖析存在的问题及其根源。对于教师而言，这样的反馈能够帮助他们更加准确地把握教学现状，明确改进方向，优化教学策略；对于学生而言，则能够引导他们自我反思，发现学习中的薄弱环节，提升学习效果。

更重要的是，教学评价所提供的诊断与反馈信息，旨在促进教学相长、管理优化。通过"以评促教"，教师可以不断调整和完善教学方法，提升教学质量；通过"以评促学"，学生能够更加明确学习目标，增强学习动力；通过"以评促管"，学校和教育管理部门则能够进一步完善教学管理制度，营造更加良好的教学环境。最终，这一整套评价机制共同作用于高校思想政治理论课的教学实践，推动其不断向着更高水平发展。

3. 研究与咨询功能

教学评价不仅仅是针对教学活动的一种评估手段，它更是一个充满研究价值的科学过程。尤其对于高校思想政治理论课而言，其教学评价相较于其他文化课程或专业技术课程的教学评价，展现出更高的综合性和复杂性，蕴含了丰富的研究元素。

这一评价过程不仅帮助教师构建起一套完善的评价体系，还促使教师深入反思和分析自己的教学理念及教学行为，从而不断提升教学能力和水平，推动教学改革的深化。对于教师个人而言，通过教学评价的研究，他们可以更加清晰地认识到自己在教学过程中的优势和不足，进而调整教学策略，优化教学方法，以达到更好的教学效果。

此外，教学评价还为教育行政部门及高校提供了宝贵的决策咨询信息。要保证高校思想政治理论课教学活动的有效组织和顺利实施，科学决策和有效管理至关重要。而这些决策和管理都需要建立在对教学工作全面而准确的了解之上。教学评价通过提供客观、详尽且具有说服力的数据和材料，为有关部门提供了有力的决策支持。这些数据和材料不仅揭示了教学活动的现状，还指出了存在的问题和改进的方向，有助于相关部门制定更加科学合理的政策和管理措施，确保高校思想政治理论课的教学质量和效果。

（二）高校思想政治理论课教学评价的基本原则

高校思想政治理论课教学评价的原则是教学要求和教学理念在评价环节的具体体现，是评价主体在思想政治理论课教学评价过程中必须遵循的思想方法和操作行为的基本规范。根据高校思想政治理论课教学的目标任务及总体要求，其教学评价应坚持以下基本原则。

1. 方向性原则

方向性原则在高校思想政治理论课教学评价中占据着核心地位，其重要性不容忽视。这一原则具有深刻的内涵。

首先，方向性原则强调教学评价必须坚守正确的政治方向。这要求我们在构建评价目标和指标体系时，必须紧密贴合党和国家关于高校思想政治理论课的方针政策。这意味着评价活动不仅要深刻反映国家意志，确保思想政治理论课成为弘扬主旋律、传播正能量的重要平台。通过这样的评价导向，我们能够确保教学活动始终沿着正确的政治道路前进，培养出具有坚定政治立场和正确价值观的社会主义建设者和接班人。

其次，方向性原则还指出教学评价需要遵循清晰明确的价值导向。这要求我们在选择评价内容和设定评价标准时，必须紧密围绕思想政治理论课的教学改革和课程建设要求。这意味着评价工作不仅要关注课程的学术性和知识性，更要突出其作为高校思想政治教育主阵地的价值定位。通过这样的评价导向，我们能够确保思想政治理论课在引导学生树立正确的世界观、人生观、价值观，以及提升他们的思想政治素质和道德修养方面发挥不可替代的作用。

2. 多元化原则

高校思想政治理论课的复杂性和广泛性决定了其教学评价必须遵循多元化原则。这一原则的核心在于充分考虑课程涉及的多方主体及其多样化的诉求，确保评价过程全面、公正、有效。

首先，多元化原则要求评价主体多元化。高校思想政治理论课的参与主体包括学生、教师、管理服务人员以及学校、社会、家庭等多个层面。这些主体在课程实施中扮演着不同的角色，具有各自独特的视角和需求。因此，在进行教学评价时，应广泛吸纳各方意见，确保评价结果的全面性和代表性。例如，学生可以从学习体验和学习效果的角度提供反馈；教师可以基于教学经验和教学效果进行自我评估；管理服务人员则可以从课程管理和资源配置的角度提出改进建议；学校、社会和家庭则可以从更宏观的视角对课程的价值和意义进行评价。

其次，多元化原则还强调评价内容和方法的多元化。高校思想政治理论课的教学目标不仅包括知识的传授，还涉及价值观的塑造、能力的培养等多个方面。因此，在评价时应注重考察学生在知识掌握、价值观形成、能力提升等方面的综合表现。同时，评价方法也应多元化，包括定量评价和定性评价相结合、形成性评价和终结性评价相结合等，以全面、准确地反映教学效果。

最后，多元化原则还要求评价结果的应用多元化。教学评价的目的不仅在于发现问题和不足，更在于为课程改进和发展提供有力支持。因此，评价结果应被广泛应用于课程内容的优化、教学方法的改进、教学资源的配置以及教师队伍的建设等多个方面，以推动高校思想政治理论课的持续健康发展。

3. 科学性原则

科学性原则在高校思想政治理论课教学评价中扮演着至关重要的角色，它要求整个评价过程必须以科学的教学理论为基石，紧密围绕课程教学目标，确保评价能够真实、准确地反映教学规律和课程建设的实际情况。如果科学性原则得不到遵循，那么教学评价就可能失去其应有的意义，甚至可能对教学活动和教学决策产生误导。

具体而言，科学性原则体现在以下几个方面：首先，评价指标的设定必须与课程教学目标高度一致，这样才能确保评价能够精准地衡量学生在知识掌握、能力提升、价值观塑造等方面的成就。其次，评价标准的描述需要与教学改革的要求相适应，反映出教育发展的新趋势，从而引导教学活动不断创新和优化。再次，评价内容的设计必须全面且完备，涵盖教学活动的各个环节和方面，确保评价的深度和广度。此外，评价方法的选择应当恰当且易行，既要能够确保评价结果的准确性和可靠性，又要便于实际操作和实施。同时，评价过程应保持开放和透明，鼓励多方参与，广泛吸纳不同意见，以增强评价结果的公正性和说服力。最后，评价主体的态度必须科学且严谨，确保评价工作的客观性和专业性。评价结论的形成也应基于充分的事实依据和科学的数据分析，力求客观公正，为教学改进和决策提供有力的支持。

总之，科学性原则是高校思想政治理论课教学评价不可或缺的准则，它要求我们在评价过程中始终秉持科学精神，遵循教学规律，确保评价的有效性和可靠性，为提升教学质量和推动课程建设提供坚实的保障。

4. 全面性原则

在高校思想政治理论课教学评价中，全面性原则是确保评价工作细致、全面的关键所在。它要求我们在评价过程中，必须充分考虑各种因素，从多个维度和层面进行综合评价，以得出全面、客观、准确的评价结论。

首先，全面性原则体现在评价主体的全面性上。这意味着我们需要广泛吸纳相关领导、专家、思想政治理论课教师以及学生的意见，确保评价结论能够充分反映各方的观点和利益。领导和专家的意见往往具有宏观性和指导性，能够为评价提供政策和实践层面的支持；而思想政治理论课教师和学生作为教学活动的直接参与者，他们的反馈则更加具体和生动，能够揭示教学过程中的细节和问题。通过综合各方意见，我们可以更加全面地了解思想政治理论课的教学现状，为改进和提升教学质量提供有力依据。

其次，全面性原则还体现在评价内容的全面性上。这要求我们对思想政治理论课教学的各个要素进行多角度、全方位的评价，避免以点代面、以偏概全。评价内容应涵盖教学目标、教学内容、教学方法、教学效果等多个方面，同时要注重定性评价与定量评价相结合。定性评价能够揭示教学活动的本质和特征，而定量评价则能够提供具体的数据支持，两者相互参照，可以更加全面、准确地判断评价客体的实际效果。

最后，全面性原则也体现在评价结论的全面性上。教学评价的结论不仅要完整、立体地反映思想政治理论课改革与建设的情况，还要将终结性评价与形成性评价结合起来。终结性评价侧重于对教学活动最终成果的评估，而形成性评价则关注教学过程中的动态变化和发展趋势。通过结合这两种评价方式，我们可以既看到建设的基础和现状，又看到发展的潜力和方向；既关注教学效果的客观表现，又重视主观努力的程度。这样的评价结论才能更加全面、客观地反映思想政治理论课教学的实际情况，为未来的改进和发展提供有益的参考。

5. 发展性原则

在高校思想政治理论课教学评价中，坚持发展性原则意味着我们要以动态、前瞻性的视角审视课程教学的现状与挑战，将评价视为推动课程持续进步与革新的关键动力。这一原则要求我们在评价过程中，不仅要关注当前的教学实践和管理水平，更要深入思考如何通过这些评价来规范教学管理、提升教师教学能力、激发学生学习热情，以及促进课程的全面改革与发展。

具体而言，坚持发展性原则体现在以下几点：首先，我们需正视教学面临的新形势和新挑战，如信息技术的快速发展、学生需求的多元化等，通过评价来识别并应对这些挑战。其次，我们要深入分析课程建设与改革的经验，包括成功的案例和存在的问题。最后，教学评价应成为推动教学管理规范化的工具，帮助高校优化资源配置、强化质量监控，确保教学活动有序高效进行。

坚持发展性原则意味着将教学评价融入课程建设的全过程，使之成为推动课程不断向前发展的强大引擎。通过评价，我们不仅要总结过去，更要规划未来，明确改革方向，优化课程结构，更新教学内容，创新教学方法，以适应时代发展的需要，培养出更多具有社会责任感和创新精神的优秀人才。

二、高校思想政治理论课教学评价改革的实施

高校思想政治理论课教学评价是一个涉及多环节、多要素的复杂系统，它是

根据高校思想政治理论课教学评价的特征、原则、类型等，开展思想政治理论课教学评价的具体活动过程。目前，高校思想政治理论课教学评价指标体系不健全、不完善，科学、合理、客观、公正的思想政治理论课评价指标体系尚未构建。高校思想政治理论课教学评价指标长期以来主要是针对思想政治理论课教师的课堂理论教学进行评价，并且还不具有思想政治理论课的特殊性特征。对学生学习效果的评价虽然在积极进行改革，但学生的思想政治理论课成绩并不能客观公正地反映学生的思想政治素养和能力。因此，有必要在评价指标体系和评价方法上进行改革。

（一）构建一个科学、合理且全面的评价指标体系

高校思想政治理论课教学评价体系的改革核心在于构建一个科学、合理且全面的评价指标体系。这一体系不仅是衡量教学目标实现程度的重要标尺，也是推动课程持续改进与创新的关键。构建这样一套体系，需遵循一系列原则和要求，以确保其有效性和适用性。

首先，方向性是构建评价指标体系的首要原则。这意味着评价指标体系的设计必须紧密围绕社会主义核心价值体系，反映高校思想政治理论课建设与改革的目标和方向。明确的价值导向，能够确保评价工作引导教学活动向着正确的方向发展。

其次，系统性要求评价指标体系具有清晰的层次结构。各指标之间既相互独立又相互联系，从宏观到微观层层深入，形成一个有机整体。这样的设计有助于全面、深入地评估教学活动的各个方面，确保评价的准确性和完整性。

再次，科学性是构建评价指标体系的核心要求。评价指标应与评价目标高度一致，具有典型代表性，能够客观、真实地反映思想政治理论课建设与改革的实际状况。同时，各项指标应具有较强的现实操作性、可比性和定量处理性，便于数据的收集和分析。此外，评价指标的权重设置也应科学合理，以反映各项指标在评价体系中的重要性。

最后，简明性是提高评价指标体系实用性的关键。指标的内涵描述应直接、明了、清晰，避免产生歧义。指标的设置应避免烦琐和相互重叠，确保数据的易获得性和计算方法的简明易懂。这样不仅能够减轻工作负担，还能提高评价结果的可靠性和可信度。

在构建评价指标体系时，通常需要经过一系列环节，包括提出评价项目、分解项目指标、明确指标要求、确定指标权重、设计指标等级等。对于教师的教学

状况评价，可以细分为教学态度、教学内容、教学水平、教学过程、教学效果、教学文件、教研活动、教学成果、教书育人等多个评价项目。每个项目下又可进一步细化为具体的评价指标，并对每个指标进行分级和设置权重比例，以全面反映教师的教学能力和成效。

通过构建这样一套科学、合理且全面的评价指标体系，我们可以更加客观、准确地评估高校思想政治理论课的教学质量和效果，为课程的持续改进和创新提供有力支持。

（二）高校思想政治理论课教学评价方法的改革

高校思想政治理论课教学评价方法就是为了完成思想政治理论课教学评价任务、达到教学评价目的所采用的方法。只有运用正确、可行的评价方法，才能得出科学、客观的结论，达到教学评价的预期目的。

目前，对高校思想政治理论课教学评价方法进行改革时，可以在教学评价中采用目标对照法、实地观察法、抽样调查法、课程测验法等。

1.目标对照法

目标对照法作为一种高效的教学评价策略，其精髓在于将预先设定的高校思想政治理论课建设目标与课程教学的实际执行情况进行深入、细致的对照分析。这种方法不仅是对教学目标实现程度的一种检验，更是对教学质量和效果的一种全面审视。它根植于目标管理理论，将明确的教学目标作为评价的基石和出发点，通过量化或质性研究手段来评估这些目标在教学实践中的达成情况，从而精确判断教学效果的好坏。

在高校思想政治理论课的教学评价中，目标对照法的实施至关重要，它不仅是提升教学管理效能的关键途径，也是推动教学评价体系向更加系统化、科学化的方向发展的核心要素。具体来说，目标对照法的实施包含以下三个核心环节。

（1）确立预期目标

确立预期目标是评价工作的起点，它明确了高校思想政治理论课建设在一定时期内应达到的标准。这些目标通常来源于相关政策文件、教育法规或学校自身的发展规划。例如，《新时代高等学校思想政治理论课教师队伍建设规定》就明确提出了高校应设置独立的马克思主义学院、按照一定比例核定专职思政课教师岗位、安排专项经费用于保障思政课教师的学术交流和实践研修等具体目标。这些目标为高校思想政治理论课的建设提供了清晰的指引，同时也成为教学评价的重要依据。

（2）考察实际

在确立了预期目标后，下一步就是通过对实际教学情况的考察来评估这些目标的达成情况。这包括制定详细的评价方案，明确评价的内容、标准，以及选择适当的评价方式。评价方式可以多种多样，如听取总结汇报、查阅文件档案、进行实地考察评估、开展师生访谈或座谈等。教师通过这些方式，可以全面、客观地收集到关于教学实际情况的信息，为后续的评价工作奠定坚实基础。

（3）纵向和横向比较

最后，通过纵向和横向的比较来深入分析评价对象在思想政治理论课建设中的实际表现。纵向比较关注的是评价对象在不同时期的发展变化，通过对比同一评价对象在不同时间点的表现，我们可以清晰地看到他的进步和成长，同时也能发现其存在的问题和不足。而横向比较则是将评价对象与其他同类对象进行比较，对比不同评价对象在相同条件下的表现，可以突出评价对象的特色和优势，同时也能发现其与其他对象的差距和不足。这种综合比较的方式有助于更加全面、客观地评价评价对象在思想政治理论课建设中的实际情况，为后续的改进和提升提供有力支持。

2. 实地观察法

实地观察法作为一种直接且注重感性认识的评价方法，对于高校思想政治理论课教学评价具有独特的价值。这种方法要求评价主体深入教学一线，根据预设的评价指标体系及相关要求，有目的、有步骤地对教学过程的各个要素和环节进行实地观察和调查研究，从而获取第一手评价信息和直观的感性认识。

（1）实地观察法的分类

实地观察法可以根据不同的标准进行分类。根据是否有意设置情境，它可以分为自然观察法和控制观察法。自然观察法是指在不干预评价对象自然情境的前提下进行观察，如在不告知教师的情况下，对其课堂教学、作业批改等进行观察。这种方法能够真实地反映教师的教学状态和行为。而控制观察法则是在预先设置的情境中进行观察，它允许评价者对某些变量进行控制，以便更深入地探究教学现象。

根据观察的内容，实地观察法又可以分为全面观察法和单项观察法。全面观察法是在一定时间内对思想政治理论课教学的多个方面进行观察，如同时关注教学科研机构的设置、教学改革及其实际效果等。这种方法能够提供一个全面的教学概况。而单项观察法则是专注于某一特定方面进行观察，如仅关注思想政治理论课教师队伍的建设或实践教学等。这种方法能够更深入地探究教学的某个具体方面。

（2）实地观察法的特点与优势

实地观察法的突出特点是其直观性和感受性较强。评价者通过"听""看""问"等形式，直接接近评价对象，从不同侧面了解教学情况，获取那些不易量化的评价信息，如教学理念、教学态度、教学素养等。这种方法的优点在于简单易行，所获得的材料和信息比较真实，能够直接反映教学的实际情况。

（3）实地观察法的不足与应对策略

实地观察法也存在一些不足。由于自变量难以控制，评价者可能难以对观察到的材料和信息做出精确的分析和判断。为了克服这些不足，评价主体在运用实地观察法时需要做好充分的准备。这包括制订详细的观察计划、明确观察内容、选择适当的观察方法和手段等。在观察过程中，评价者需要客观、全面地记录所获得的第一手材料和评价信息，确保信息的真实性和完整性。观察结束后，评价者还需要科学分析这些材料和信息，结合评价指标体系进行客观评价。

（4）实地观察法的应用建议

为了充分发挥实地观察法在高校思想政治理论课教学评价中的优势，评价主体应注意以下几点：首先，要明确评价目的和指标体系，确保观察的方向和重点与评价目标一致；其次，要加强与教师的沟通和合作，确保观察活动顺利进行和准确获取信息；最后，要注重观察结果的反馈和应用，及时将评价结果反馈给教师和管理者，为其改进教学和管理提供有力的支持。

3. 抽样调查法

抽样调查法是一种高效且经济的调查方法，它通过对高校思想政治理论课教学评价对象的总体进行部分抽取，形成样本，进而通过对这些样本的详细考察和分析，来推断总体的状况。这种方法避免了全面调查的烦琐与耗时，能够在较短时间内收集到大量的评价数据和信息。

（1）样本数的确定与抽样方式

在抽样调查法中，样本数的确定至关重要。样本数量的大小直接影响到推论结果的准确性和可靠性。一般来说，样本数越大，推论结果越接近总体真实情况，但同时也会增加调查的成本和时间。因此，需要根据评价目的、总体规模、资源条件等因素综合考虑，确定合适的样本数。

抽样方式则分为随机抽样和非随机抽样两大类。随机抽样能够确保每个评价对象被选中的概率相等，从而提高样本的代表性，是抽样调查法中常用的方式。非随机抽样则根据某种特定标准或目的来选择样本，虽然可能更便捷，但样本的代表性相对较弱，需要在使用时特别谨慎。

（2）具体实施方法

抽样调查法的具体实施方法主要包括谈话法和问卷法。

谈话法：谈话法是指评价主体与评价对象或相关人员直接交谈，通过对话的方式获取评价数据和信息。这种方法具有灵活性和深入性强的特点，能够直接了解被访者的观点和感受。例如，为了解思想政治理论课教师队伍的建设情况，评价主体可以与教师代表、教学管理部门负责人或学生等进行个别访谈或集体座谈，通过结构式或非结构式的访谈方式，收集到丰富的评价信息。

问卷法：问卷法是评价主体通过设计问卷，向被选取的调查对象发放，并收集其回答来获取评价数据和信息的方法。问卷法具有易操作的特点，能够大规模地收集数据，并通过统计分析得出客观、可靠的结论。例如，为了解思想政治理论课教师的课堂教学情况，可以设计包含教学态度、教学内容、教学手段、教学方法、教学互动、教学效果等多个方面的问卷，分别由学生、教师、同行等作答，以从不同角度全面了解教师的课堂教学情况。在设计问卷时，需要确保题目内容与评价目标一致，样本具有足够的数量和代表性，并在调查结束后采用科学的统计方法处理调查结果。

4.课程测验法

课程测验法是一种有效的教学评价方法，它通过对学生在思想政治理论课上的学习成果进行考核，来测定学生对基本原理和基本知识的掌握程度，以及他们运用这些知识分析问题、解决问题的能力。这种方法不仅能够帮助我们深入了解思想政治理论课的课程设置、组织实施和教学质量，还能够为教学改进提供有力的数据支持。

课程测验法通常以笔试的形式进行，这种方式简便易行，运用广泛。它能够在同一时间内，使用统一的试卷对大量的评价对象进行测验，从而收集到丰富且可比的数据资料。由于测验结果基于学生的实际表现，因此具有较高的客观性和可靠性。

（1）测验试卷的编制

为了保证课程测验法的评价质量，测验试卷的编制至关重要。在编制过程中，我们需要充分考虑课程知识的覆盖面，确保试卷能够全面反映课程的核心内容。

同时，我们还要突出对重点内容的测验，以检验学生对关键知识点的掌握情况。

此外，题目的表述也是编制试卷时需要注意的一个重要方面。题目应该简明扼要，含义清晰明确，避免引起学生的误解。只有这样，我们才能确保测验结果的准确性和有效性。

另外，测验题目的难易程度也是影响测验效果的关键因素之一。题目应该难易适中，既不过于简单，也不过于复杂。通过设计具有一定区分度的题目，我们可以更好地检测学生的真实成绩和水平，从而为教学改进提供更有针对性的反馈。

（2）测验结果的分析与应用

借助测验成绩，我们可以从不同角度分析教学效果。对于整体成绩的水平和分布状态，我们可以采用统计分析法进行分析，以了解学生在各个知识点上的掌握情况以及整体成绩的分布趋势。这种分析有助于我们发现教学中存在的问题和薄弱环节，为后续的教学改进提供方向。

同时，我们还可以采用综合评判方法对学生的整体达标程度进行分析。通过设定合理的达标标准，我们可以判断学生在思想政治理论课上的学习是否达到了预期的目标。这种分析有助于我们对学生的学习情况进行全面的评估，并为他们的后续学习提供有针对性的指导。

第六章　高校思想政治理论课教学质量提升路径

高校作为培养社会主义建设者和接班人的重要阵地，其思想政治理论课的教学质量直接关系到青年学生的思想道德素质、政治觉悟以及未来的人生发展。思想政治理论课不仅是传授马克思主义理论和进行国家意识形态教育的主渠道，也是引导学生树立正确的世界观、人生观、价值观的关键环节。因此，提升高校思想政治理论课教学质量，不仅是对教育本质的回归，也是时代赋予的重要使命。本章围绕高校思想政治理论课教学质量提升的基本思路、高校思想政治理论课教学质量提升的工作机制、高校思想政治理论课教学质量提升的实现路径等内容展开研究。

第一节　高校思想政治理论课教学质量提升的基本思路

只有在科学思路的指导下，高校思想政治理论课教学质量才能得到提升。高校思想政治理论课教学质量提升要明确基本遵循、定位规划。

一、把握教学改革方向，明确高校思想政治理论课"为谁培养人"

在探索高校思想政治理论课教学改革的征途中，首要任务是准确把握改革的正确方向，明确"为谁培养人"这一根本性问题，它如同指南针般引领改革创新的每一步。作为高校思想政治教育的核心阵地，思政课承载着立德树人的崇高使命，其政治立场与价值导向的明确性至关重要。高校应全面贯彻落实党的教育方针，坚守社会主义办学方向，巩固马克思主义在意识形态领域的指导地位，不断强化思想政治引领，勇于承担为中华民族伟大复兴及中国特色社会主义事业培育合格建设者与可靠接班人的历史重任。

在此背景下，提升高校思政课教学质量，需以"四个服务"为指引，即"坚持教育为人民服务，为中国共产党治国理政服务，为巩固和发展中国特色社会主义制度服务，为改革开放和社会主义现代化建设服务"。这一方向标具体体现在以下几个方面。

首先，思政课教学质量的提升需坚持以人民为中心，根植于为人民服务。这要求我们在推进教学质量提升的过程中，始终将"以学生为本"的教育理念贯穿每一个环节，紧密贴近学生的实际生活与学习状态，深入洞察并积极回应学生的多元化需求。我们应深入学生群体，倾听他们的心声，理解他们的困惑与期望，从而成为他们成长道路上的引路人，为他们在知识的海洋中探索提供明亮的灯塔。

其次，提升思政课教学质量需服务于中国共产党治国理政的大局。这要求思政课不仅要讲好中国故事，更要引导学生深刻理解党的路线、方针、政策，认识中国特色社会主义的伟大实践，领悟党在革命、建设、改革过程中积累的宝贵经验，以及掌握党治国理政的新理念、新战略。

再次，思政课教学质量的提升需为巩固和发展中国特色社会主义制度服务。制度是国家之基，中国特色社会主义制度是经过历史检验、符合中国国情的制度。思政课应坚守社会主义办学方向，为加强和巩固这一制度发挥积极作用，助力中国式现代化事业的蓬勃发展。

最后，提升思政课教学质量还需服务于改革开放和社会主义现代化建设的伟大实践。改革是国家和民族发展的必由之路，是推动社会进步的重要动力。思政课应引领学生积极参与新时代的改革开放实践，让他们在亲身感受社会进步成果的同时，也深刻认识到社会主义现代化建设过程中面临的挑战与问题，从而激发他们的爱国情怀与奋斗精神，为实现中华民族伟大复兴的中国梦贡献青春力量。

二、明确教学改革目标，厘清高校思想政治理论课"培养什么人"

在推进高校思想政治理论课教学质量跃升的过程中，明确教学改革的目标犹如点亮了一盏明灯，照亮了前行的道路。其核心在于精准地界定"培养什么人"这一教学的根本使命与方向，它既是教学改革的出发点，也是归宿点。深入剖析并回答这一问题，能够为我们把握教学改革的脉络提供清晰的坐标，进而有力推动改革举措的精准落地与深入实施。

　　高校思想政治理论课教学改革的深层旨归，在于提升教学质量，确保立德树人这一教育根本任务扎实完成。在这一宏伟蓝图中，"培养什么人"不仅是教学改革必须直面并深入解答的核心议题，更是引领高校教育航向的指南针。党和国家历来高度重视人才培养问题，并随着时代的发展不断提出新的要求与期望。

　　此外，高校思想政治理论课还肩负着培养德智体美劳全面发展的社会主义建设者和接班人的重任。大学生群体是我国社会主义事业的未来希望与力量源泉。思政课作为党和国家领导下的马克思主义理论传播阵地，其教学目的就在于培养出衷心拥护党和国家、具备高尚品德与过硬本领的社会主义建设者与接班人。只有立足于培养这样一群既具有深厚爱国情怀与远大理想，又具备全面素质与能力的时代新人，我们才能为实现中华民族伟大复兴的中国梦提供坚实的人才支撑，也才能从根本上实现高校思想政治理论课教学质量的全面提升与飞跃。

三、抓准教学改革方法，落实高校思想政治理论课"怎样培养人"

　　在提升高校思想政治理论课教学质量的征途中，我们需精准把握教学改革的脉搏，深入探究并落实"怎样培养人"的核心理念，以灵活多变且富有成效的改革策略为引领。这一过程不仅要求我们选择一条既有效又切实可行的路径，更要将人才培养的宏伟蓝图细化为实实在在的行动。教师与学生作为两大核心要素，其关系的和谐与否、作用发挥得充分与否，均会对教学效果产生深远影响。在新时代的背景下，处理好思想政治理论课教师与当代大学生之间的关系，显得尤为重要。

　　首先，高校思想政治理论课教师应以"六个要"为自我提升的标尺，不断锤炼自身的综合素质。作为立德树人的关键课程承担者，思政课教师不仅是知识的传播者，更是灵魂的工程师。他们需具备坚定的政治立场、深厚的家国情怀、创新性的思维方式、广阔的学术视野、严格的自律精神以及正直的人格魅力。这"六个要"不仅是对思政课教师的殷切期望，更是新时代赋予他们的神圣使命。教师应以此为镜，不断审视并提升自我，通过言传身教，引领大学生树立正确的思想道德观念，为他们的精神世界播下真、善、美的种子。

　　其次，教师应将"八个相统一"视为行动的灯塔，深入探索思政课的教学规律，并在此基础上勇于创新教学方法，不断提升教学水平。通过践行这些原则，教师能够更深刻地理解教学的本质，把握课程的精髓，从而设计出既贴近学生实际需求，又紧跟时代步伐的教学方案。这样的教学不仅能够激发学生的学习兴趣，更能引导他们深入思考，实现知识的内化与能力的提升。

最后，思政课教师应紧密结合大学生的特点进行教育引导，充分尊重并发挥学生在学习过程中的主体作用。大学生正处于"三观"形成的关键时期，他们的主动性、积极性和创造性对于教学效果的达成至关重要。因此，教师在开展教学活动时，应高度重视学生的个体差异，选取灵活多样的教学方法，如案例分析、小组讨论、角色扮演等，以激发学生的学习兴趣。同时，教师还需紧跟时代发展的步伐，结合新形势、新情况，以及大学生的身心特点进行有针对性的教育引导，从而不断提升思政课的吸引力和感染力，让大学生在轻松愉快的氛围中主动融入课堂，积极参与学习，最终实现知识的积累与人格的完善。

第二节　高校思想政治理论课教学质量提升的工作机制

一、环境机制

高校作为学生学习与成长的重要场所，其环境机制对学生的学习状态、态度以及价值观的形成具有深远影响。为了营造良好的学习氛围和促进学生全面发展，高校需从多个维度出发，构建全面而有效的环境机制。

（一）以学生宿舍为平台，塑造"真善美"的校园社区文化

以学生宿舍为平台，塑造"真善美"的校园社区文化，是丰富和拓展学生校园生活、促进学生全面发展的重要举措。宿舍作为学生日常活动的主要区域，不仅承载着居住的功能，更是学生互相学习、交流思想的重要场所。因此，我们应当充分利用宿舍这一平台，精心打造蕴含"真善美"元素的校园社区文化。

首先，体现"真"的科学精神是宿舍文化的基石。科学精神追求真理、崇尚实干，这与高校培养学生的目标不谋而合。在宿舍文化建设中，我们可以通过建设学习型宿舍，设立自习角、配备图书资料，为学生提供便利的学习条件，激发他们的求知欲和探索精神。同时，鼓励宿舍成员形成共同的志趣与爱好，互相学习、共同扶持，形成积极向上的学习氛围。此外，还可以根据不同的发展需求和专业特色，建立特色宿舍，如科技创新宿舍、学术研究宿舍等，让学生在实践中锻炼能力，为未来的职业发展打下坚实的基础。

其次，体现"善"的人文关怀是宿舍文化的灵魂。人文关怀强调以人为中心，

关注人的全面发展。在宿舍这个大家庭中，我们应当倡导互助友爱、温馨和谐的氛围，让每个学生都能感受到家的温暖。宿舍成员之间要互相帮助、互相关心，像家人一样相处。同时，宿舍管理员和辅导员也要经常深入宿舍，了解学生的生活和学习情况，及时解决他们的问题，让学生感受到来自学校和老师的关爱。这种人文关怀不仅能够提升学生的幸福感，还能培养他们的同理心和责任感，为他们的成长成才奠定良好的基础。

最后，体现"美"的和谐理念是宿舍文化的外在表现。宿舍的设计应当秉持美学理念与标准，打造出一个既赏心悦目又温馨舒适的居住空间。我们可以借助合理的布局、适宜的色彩搭配、精美的装饰物等，营造出美观舒适的宿舍环境。同时，宿舍的内在氛围也至关重要。我们可以积极推行模范宿舍的设立，如成绩优秀示范宿舍、党员示范宿舍、社会实践活动示范宿舍等，通过树立典型，发挥榜样力量，引导其他宿舍和学生共同进步。这种和谐共进的氛围不仅能够提升学生的审美能力和创造力，还能促进校园文化的繁荣和发展。

（二）以思想教育为主线，建立"科学化"的校园社区管理

在追求建设社会主义现代化国家目标的背景下，高校作为培养未来社会栋梁的重要阵地，应紧密围绕"和谐"这一核心理念，致力于打造一个美丽、和谐的校园环境。这样的环境不仅能够为学生提供更加优越的学习与生活条件，激发他们的学习热情与生活激情，还能引导他们树立崇高的人生目标与远大的理想，从而为提升思想政治理论课的教学质量奠定坚实的基础。

为了实现这一目标，高校需着重提升思想政治辅导员的管理水平。辅导员应成为学生成长道路上的"管理导师"，深入学生生活，关心他们的成长与发展。发掘并培养具有潜力的学生，使其成为学生干部并参与学校与学院的管理事务，不仅能够有效减轻辅导员的工作负担，还能在实践中锻炼学生的领导能力，实现校园社区建设与人才培养的双重目标。同时，高校还应加强对辅导员队伍在管理、教育及心理学等领域的专业培训，通过转岗换岗、上下交流等灵活方式，不断提升辅导员的业务素养与综合能力。

在优化社区管理手段方面，高校应以目标管理为基石。目标管理强调以明确的目标为导向，综合考虑各种因素，充分发挥人的主观能动性，促进人的全面发展与能力提升。为此，高校应充分利用现代智能技术，如大数据、云计算等，构建高效的信息传播平台，确保正确的思想与精神能够迅速、准确地传达给学生。同时，高校还应积极构建具有中国特色的学校网站，加大思想政治教育的宣传力

度，营造积极向上的网络舆论氛围，引导学生树立正确的世界观、人生观与价值观。通过这些措施，高校将能够构建起一个"科学化"的校园社区管理体系，为思想政治理论课的深入开展提供有力支撑。

（三）以大学精神为内涵，实现"人性化"的学生自治

大学之精髓，在于其独特的精神内涵，它倡导学生在适度范围内实现自治，鼓励自我管理与自我发展。在掌握扎实理论知识的基础上，学生应被激励去创新应用，勇于挑战自我，追求卓越，以期在各方面取得突破，成长为全面发展的人才。这一过程，无疑将有力推动并加强高校思想政治教育工作的深入进行。

首先，我们要树立"学生自治"的核心理念，它根植于"以人为本"的科学发展观。在学生自治的实践中，"以人为本"体现为让学生在社区管理中发挥主导作用，高校则通过"人性化"的教育方式，引导学生自我管理、自我培养、自我教育。真正的学生自治，不仅对学生个人成长大有裨益，也能有效减轻学校的管理负担，更是未来教育发展的必然趋势，大学应率先垂范，实施这一管理模式。

其次，构建学生社区自治机制是实现学生自治的关键。成立社区党务工作站，对社区内党员的学习、生活、工作进行全面监督，同时负责入党积极分子的确定、预备党员的选拔与转正，以及优秀党员的评选工作。为确保学生自治在合理范围内进行，需不断完善相关制度，明确自治的边界与责任。高校可制定一系列政策，为学生自治提供明确指导，确保自治活动有序开展。

再次，重视学生自治能力的培养是落实学生自治的基石。政策的出台只是第一步，关键在于如何将这些政策转化为实际行动。在自我管理的过程中，学生是主体也是实践者，若缺乏自治能力，政策将形同虚设。因此，高校需从多方面着手，提升学生的自治能力。学生自治是权利与责任的统一体，要求学生既要积极参与自治，又要勇于承担责任。

情商作为自我管理的重要基础，对于树立正确的价值观、提升自我管理能力具有至关重要的作用。高校应针对学生的实际情况，通过开设人文科学类课程、利用互联网平台进行宣传教育、组织丰富多彩的校园活动等方式，全面提升学生的情商水平，特别是自我约束能力、抵抗诱惑的能力和时间管理能力。

最后，高校还应积极引导学生利用课余时间增长见识、提升素养，通过参与各类实践活动，体验大学生活的丰富多彩，同时在实践中锻炼自我管理的能力。强化学生的法律意识与法律思维，也是提升学生自我约束能力、实现自我管理的

重要途径。高校应创造一切有利条件，为学生提供自我管理的平台与机会，不断培养学生的自治精神与能力，从而推动高校思想政治教育工作深入发展。

二、保障机制

提升高校思想政治理论课的教学质量，关键在于构建一个健全且高效的保障机制。这一机制应立足于党委的统一领导，促进各部门间的协同合作，共同推进思想政治教育工作的深入发展。这不仅是一项重要任务，更是推动高校思想政治教育进步的关键途径。

具体而言，校党委应全面主导思想政治教育工作，确保各项政策与措施得到有效实施。同时，各部门也需积极响应，形成齐抓共管的良好局面。在管理高校师生党员队伍方面，应不遗余力，确保每位师生都能坚定"跟党走"的政治信念。作为学校党委的领军人物及核心管理者，党委书记需深刻认识自身肩负的重任，并身体力行，发挥模范带头作用。他们应走进课堂，为学生讲授思想政治理论课，以此展现对教育事业的深厚情感与高度关注。同时，党委书记还应成为思想政治理论课建设的引领者，充分发挥其统筹全局、协调各方的核心职能，确保这门课程在学校教育体系中占据举足轻重的地位。

高校思想政治教育的成功并不是单靠某一部门就能实现的，而是需要各部门通力合作、共同努力。任何形式的个人主义、形式主义都与高校思想政治教育的宗旨背道而驰，无法推动其持续发展。因此，各部门应明确分工、加强合作，在履行好各自职责的同时，也要注重整体协调与配合，充分发挥各自在思想政治教育中的独特作用。例如，教学部门应致力于提供优质的思想政治理论课教学，引导学生树立正确的世界观、人生观和价值观；后勤部门则应全力做好保障工作，为师生创造无忧的学习与生活环境；校园安全保卫部门需努力打造安全和谐的校园环境，消除一切可能危害师生身心健康的因素；而就业部门则应积极帮助学生解决就业难题，引导他们在工作中实现自我价值，为社会贡献自己的力量。

（一）改变高校陈旧的思想政治教育理念

教育理念作为教学的灵魂，不仅深刻体现了高校的办学宗旨与长远规划，更为人才培养的方向与模式提供了明确指引。为了顺应时代要求，培养符合社会需求的高素质人才，高校必须从根本上革新陈旧的思想政治教育理念，确立以学生为中心、注重学生自我肯定与发展的新观念。

首先，高校应摒弃传统教育中过度强调知识灌输、忽视学生个体差异的做法，转而倡导以学生为中心的教育理念。这意味着教育应围绕学生的实际需求与个性特点展开，通过因材施教的方式，激发学生的内在潜能，促进他们的全面发展。在这一过程中，教师应成为学生学习路上的引导者与伙伴，而非单纯的知识传授者，鼓励学生主动探索、勇于质疑，培养批判性思维与创新能力。

其次，高校应根据不同专业的特点与优势，灵活调整思想政治教育的教学模式。例如，文科专业可侧重理论阐述与案例分析相结合，通过讨论、辩论等形式深化学生对理论的理解；理工科专业则可借助实验、实践等环节，将思想政治教育融入专业学习中，使学生在解决实际问题的过程中领悟理论真谛。这种多样化的教学模式不仅增强了思想政治教育的吸引力，也促进了学生综合素质的提升。

最后，高校应坚持"以学生为本"的原则，全面关注学生的成长与发展。这要求高校不仅要关注学生的学习成绩，更要关心他们的兴趣爱好、职业规划等方面。通过建立完善的辅导体系与反馈机制，及时发现并解决学生在学习与生活中遇到的问题，为他们提供全方位的指导与支持。同时，高校还应积极搭建平台，鼓励学生参与社会实践、志愿服务等活动，使其拓宽视野、增长见识，为未来的全面发展奠定坚实的基础。

总之，革新高校思想政治教育理念是提升教育质量、促进学生全面发展的关键所在。高校应以学生为中心，注重因材施教与全面发展，通过多样化的教学模式与全方位的关怀指导，为培养具有社会责任感、创新精神与实践能力的高素质人才贡献力量。

（二）革新高校传统的思想政治教育内容

为了使高校思想政治教育更加贴近实际、富有生命力，其课程内容必须与时俱进，与现实生活紧密相连。以下是对高校传统思想政治教育内容进行革新的几点建议。

首先，高校应基于现有课程设置进行创新性改进，打破传统理论的束缚，将理论知识与现实生活紧密融合。这要求教师不仅要深入钻研理论，更要关注社会热点、学生关切，将抽象的理论知识转化为具体的生活案例，使学生在学习中能够产生共鸣，深刻理解思想政治教育的内涵与价值。

其次，高校在思想政治教育过程中应积极融入当前社会倡导的重要价值观和思想。这些价值观和思想往往反映了时代的精神风貌和社会的发展方向，如社会主义核心价值观、习近平新时代中国特色社会主义思想等。将这些内容融入课堂教学，可以引导学生树立正确的世界观、人生观和价值观，增强他们的社会责任感和使命感。

最后，高校应根据学生的未来职业发展规划，有针对性地开展思想政治教育。不同专业的学生有着不同的职业发展方向和行业需求，因此思想政治教育内容也应有所区别。高校可以邀请相关行业的专家或校友来校讲座，分享行业内的道德规范和职业素养要求，使学生在学习过程中更加明确自己的职业定位和发展方向，从而更加积极地参与到思想政治教育中来。

（三）为高校思想政治教育工作创设教育情境

为了将高校思想政治教育工作提升至新的高度，必须摒弃传统单一、刻板的教育模式，转而探索一种更加贴近学生实际、能够激发学生潜能的教育情境。这一转变的核心在于，将学生的兴趣爱好、性格特征、能力表现等个人元素与学业内容紧密结合，从而打造出真正意义上的高水平教育工作。

首先，高校应彻底改变传统的灌输式知识传授方式。高校必须认识到，学生并非被动的知识接受者，而是具有独立思考能力和自主选择权的个体。因此，教育工作应密切关注学生的内在需求和所追求的目标，通过师生间的双向互动，引导学生主动探索、积极学习。这种互动不仅体现在课堂上的问答环节，更应贯穿整个教育过程，形成一种持续、深入的交流模式。

其次，高校应充分尊重学生的个体差异，实施有针对性的辅导和教育。每个学生都是独一无二的，他们有着不同的成长背景、兴趣爱好和学习方式。因此，教育工作不能一概而论，而应根据学生的具体情况，量身定制教育方案。这要求教师具备敏锐的观察力和丰富的教育经验，能够及时发现学生的问题和需求，并给予个性化的指导和帮助。

此外，在开展思想政治理论课教学时，高校应始终紧扣教育的总体目标，确保教学内容与时代发展紧密相连。同时，高校要采取有效措施激发学生的学习兴趣，使教学更加生动、有趣。具体而言，可以通过以下方式实现这一目标。

①改变交流模式：从传统的单方面讲授转变为双向互动模式。鼓励学生提问、发表观点，让课堂成为师生共同探讨、共同成长的平台。

②创新教学方式：打破传统的课堂教学氛围，结合多媒体教学、案例分析、小组讨论等多种教学模式，使思想政治理论课更加生动活泼、引人入胜。

③促进师生互动：教学互动、学生上台交流等方式，可以增强学生的参与感

和归属感。教师可以引导学生分享自己的见解和经历，让学生在交流中相互学习、共同进步。

三、评价机制

评价，作为衡量事物质量与价值的精密工具，不仅为我们提供了判断优劣的客观标准，更如同一面明镜，深刻揭示出事物的内在特质与潜在空间。在教育领域，特别是高校思想政治教育这一关键环节中，科学的评价体系不仅是对当前教育成效的精准刻画，更是引领未来教育航向的灯塔。因此，高校深化并优化思想政治教育评价工作，不仅是提升教育质量的内在需求，也是顺应时代发展、培养新时代人才的必然要求。

然而，评价工作的复杂性与挑战性不容忽视。它要求我们在实施前进行周密的规划与设计，明确评价的主体、时间节点、空间范围以及核心目标，以确保评价活动的针对性与实效性。更为重要的是，整个评价过程必须牢牢把握党对思想政治教育的全面领导这一根本原则，这是确保评价方向正确、内容科学的基石。

在构建评价指标体系时，我们应追求指标的代表性与可测量性的双重统一。这意味着，所选指标既要能够全面反映思想政治教育的核心要素与关键环节，又要便于量化分析，确保评价结果的客观性与准确性。同时，我们还需注重提升评价的意义层次与实用价值，使评价结果不仅成为对当前教育状况的全面总结，更成为推动思想政治理论课教学质量持续攀升的强劲动力。

高校思想政治理论课的教学，其深远意义远不止于知识的传授与技能的训练，更在于立德树人这一根本任务的实现。教育的本质，在于培养具有高尚品德与健全人格的人才，而立德树人正是思想政治教育的灵魂所在。因此，高校必须高度重视思想政治理论课教学的评价工作，深刻理解其在整个思想政治教育体系中的核心地位，明确评价的基本思路与方法，通过评价深入洞察思想政治教育的真实状况，并在此基础上不断探索与完善思想政治理论课教学质量提升的有效路径。唯有如此，我们才能培养出既具备扎实专业知识与技能，又拥有高尚道德品质与强烈社会责任感的新时代优秀人才。

（一）强化追踪评价，强调评价的长效性

为了更全面、科学地评估学生的成长与发展，强化追踪评价显得尤为重要。这一机制能够有效克服单次评价可能带来的片面性，为教师提供一个动态观察学生成长的窗口。通过持续追踪学生的理想信念、知识技能以及行为表现，教师不仅能更准确地把握学生的成长轨迹，还能及时发现学生在思想政治、道德品质等

方面的不足，并据此给予针对性的指导与帮助。这种评价方式对于促进学生的全面发展具有不可估量的价值，同时，它也能直观地反映出思想政治理论课教学的实际效果及其随时间变化的规律。

追踪评价应始于学生入学之初，并贯穿整个学期乃至学年的始终，建议每半学期进行一次系统性的评估。在评价内容上，高校应构建多维度的评价体系，既包括对学校思想政治教育工作的整体满意度评价、对师资队伍的专业能力与教学态度的评价，也涵盖对学生入学以来知识掌握情况的评估，以及学生对未来学习内容的期望与需求调查。

此外，对比学生入学前后的评价同样不可或缺。随着时代的不断进步，高校思想政治教育也需与时俱进，不断创新理论与教学方法。因此，高校应紧密关注社会发展趋势，抓住具有代表性的事件或节点，对思想政治教育工作的实效性进行定期评估。这种纵向的对比分析，有助于高校清晰地看到教育工作的成效与不足，为后续的改进提供有力的依据。

最后，毕业生及企业的回访评价也是追踪评价机制中不可或缺的一环。通过定期对毕业生进行回访调查，高校可以深入了解他们对学校思想政治教育的看法与评价，以及这些教育经历对他们后续生活与工作的实际影响。同时，开展用人单位对毕业生的满意度调查，从职业道德、团队协作、服务意识等多个维度评估毕业生的综合素质，也能为高校进一步优化人才培养方案、提升思想政治教育质量提供宝贵的反馈。

（二）促进评价改革，提高评价的导向性

在深化教育改革的大背景下，促进评价体系的革新显得尤为关键。首要任务是守正创新，即在遵循党的教育方针与指导原则的基础上，对现有的学校评价体系进行全面而系统的革新。在评价过程中，应紧扣教学评价的核心内容，确保评价的全面性与准确性，从而有效引导教育教学的发展方向。

其次，需秉持"五育并举"的教育理念，即德育、智育、体育、美育与劳育并重。在这五者之中，德育被置于首位，凸显了其在教育体系中的核心地位。一个人的道德品质是其立身之本，即便在其他方面表现出色，若缺乏良好的道德品质，也难以真正实现个人价值。因此，高校在教育实践中应高度重视学生的道德教育，将其视为培养人才的根基所在。同时，培养学生健康有益的兴趣爱好也是不可或缺的一环，这有助于促进学生的全面发展。

最后，应重视跟踪评价结果的转化与有效利用。跟踪评价不仅能够揭示存在

的问题与不足，还能通过纵向对比不同时间点的评价结果，更直观地发现问题、分析问题，并据此完善教学体系。这一过程中，评价结果的及时反馈与合理运用至关重要，它能够帮助教育者及时调整教学策略、优化教学内容，从而不断提升教学质量与效果。

第三节　高校思想政治理论课教学质量提升的实现路径

一、认真做好教师队伍的招聘工作

在构建高校思想政治理论课教师队伍的过程中，招募环节需秉持"高标准、优结构"的原则，注重专兼职教师的有机融合，以期甄选出卓越的教育人才，为整个教师队伍的稳固与发展奠定坚实的基础。

当前思想政治理论课教师的招募工作应围绕思想政治素养、专业知识储备及实践教学能力等多个维度设定具体标准。

基于人力资源管理理论，高校在招募思想政治理论课教师时，通常应遵循一套系统而严谨的程序。

首先，高校需根据自身实际情况，明确思想政治理论课教师的招聘数量与具体要求。这一决策过程由校党委统一领导，通过组建包含相关专家、资深教师及人事专员在内的招聘工作小组，精确核算并汇总招聘需求。招聘工作小组将依据学校现有思想政治理论课教师的整体素质及国家相关教育政策，细化并确立招聘岗位的素质标准与任职要求。

其次，进入应聘者的考核阶段，这一环节涵盖笔试、面试及试讲等多个维度。招聘工作小组首先对应聘材料进行初步筛选，随后组织符合条件的候选人参与笔试。笔试试题由小组内的专家精心编制，确保既符合学校特色，又能满足上级部门的要求。笔试合格者将晋级至面试环节，而面试通过后，则需进一步接受试讲的考验，试讲成绩在招聘决策中占据举足轻重的地位。

最后，对于笔试、面试及试讲均表现优异的候选人，将进行公示，公示期满无异议后，再提交校党委进行最终审批。在此过程中，招聘工作小组会广泛征求各方意见，确保招聘的思想政治理论课教师不仅具备出色的专业素养，还能与学校的实际需求实现最佳匹配。

同时，在整个招聘流程中，高校应组建一支高素质的考官队伍，对报考资格严格把关，筛选程序力求公正透明，招聘方法需科学合理，对候选人进行全面而深入的评估，以实现人员与岗位的精准对接。

二、提高思想政治理论课专题教学的实效性

实施专题教学，已成为高校思想政治理论课教学质量提升的共识。多数高校都在进行探索和尝试，故这方面的研究成果也不少。一般认为，专题教学是围绕某一特定的疑难问题而展开的有深度的探究性教学活动。就思想政治理论课教学实际而言，如何将教材和教学大纲的内容与要求转化为富有感染力的专题教学内容，仍然是一个极具挑战性的问题。在高校思想政治理论课教学改革中，把教学内容专题化、优质化，是最难、最复杂、最具攻坚性的工作。正所谓"内容为王，形式为辅"。专题教学就是要解决教学内容和教学内涵问题，专题设计得好，教师所讲内容便会有趣，教学内涵可得到提升，再辅以生动活泼、丰富多样的教学形式，效果即得以显现，教学质量也会随之提升。反之，专题设计肤浅，内容简单乏味，形式再好也难以实现教学目的。因此，研究讨论专题是核心，且常谈常新，应予高度重视，不断优化。

（一）主题凝练应坚持问题导向，确保有探究空间

问题是时代的呼声，亦是教学的起点与贯穿教学过程的主线。一个优质的问题，本身就能激发学生的好奇心与求知欲，点燃他们探索未知的热情，同时也有助于培养学生发现问题、解决问题的能力。在高校思想政治理论课的专题教学设计中，筛选并确定一个恰当的主题至关重要。主题的选择不仅关乎教学吸引力的大小，更直接影响到教学基本任务的完成质量。

专题教学的主题，绝非对教材章节标题的简单修饰，也不是追求辞藻华丽、押韵对仗的问题。它应根植于教学大纲与教材，具有一定的深度与挑战性。通常而言，这些主题应源自教学大纲和教材中的重点内容，可能是对某一章节的深入挖掘，也可能是跨越教材各章节界限，在两三章甚至整部教材内容的基础上进行的高度概括与提炼。所谓的"难度"，意味着要避免浅尝辄止和"无病呻吟"。主题应是一个充满疑惑、有待探索的问题，它看似简单，实则容易引发误解，具有困惑性、探究性和挑战性。因此，在凝练主题时，我们需要积极吸纳学科前沿的研究成果。我们应有针对性地直面学科前沿，正视各种困惑，结合历史事实进行探究性教学，解答疑惑，着力探究、澄清和回应那些容易混淆视听、令人感到困惑的重大问题。

事实上，开展研究性教学是高等教育的基本要求。对于那些可能暂时无解或标准答案模糊的复杂问题，教育的真正价值恰恰在于引导学生摆事实、讲道理，鼓励他们积极探讨、深入思考。这一过程不仅有助于学生的知识建构，还能培养他们的批判性思维和自主学习能力。因此，即使面对难题，教育也应致力于激发学生的探索欲望和求知欲。而对于教材中那些相对简单明了、缺乏挑战性的问题，则可以作为学生进行自我学习、自我检测的良好材料。

此外，在主题的选择上，我们应尽可能采用问句的形式。问句更容易引起学生的注意和思考。面对疑问句，人们往往会不自觉地产生回答的冲动。因此，设问本身就能激发学生的求知欲望和探究热情，促进教学互动。相比之下，陈述句则很难达到这样的效果。基于上述凝练新主题的基本思路，以"坚定理想信念"为例，我们可以将其转换为"为何说理想信念高于天？""集体与个人的理想信念应如何统一？""独善其身还是兼济天下？"等问题，以突出问题的导向性。对于理想信念的必要性，我们无需过多讨论和阐释，而教学的难点在于如何引导学生理解为何要追求集体主义、社会主义和共产主义，以及如何将个人理想与社会理想相融合。再以"社会主义改造理论"为例，虽然内容指向明确，但同样缺乏问题意识。如果我们将主题转变为"社会主义改造能否被否定？""为何说'早知今日，何必当初'是认识上的误区？""中国为何不能走资本主义道路？"等，就能直接面对某些思想上的困惑，从而激发学生的探究热情。围绕这一主题，教学可以联系近代中国对资本主义发展道路的探索及其失败，联系新民主主义革命的发生发展及其导致中国走上社会主义道路的必然性，联系中国确立社会主义制度及其对中国特色社会主义道路的开辟所具有的奠基性意义，同时也可以联系经济落后国家走资本主义道路的深刻教训，讨论中国选择资本主义道路可能面临的风险与危害等。就"社会主义的本质和根本任务"这一标题而言，虽然言简意赅、直截了当，但学生对于这些内容可能缺乏新鲜感，标题缺乏挑战性，难以激发学生的探究兴趣。如果我们能从不同的角度切入，或许就能产生截然不同的效果。

（二）内容设计要厘清层次，观点明确，材料翔实，逻辑严谨

在确定了主题之后，备课的下一步便是搜集素材、规划教学内容，这是专题教学设计不可或缺的一环。此阶段需着重解决三大核心问题：其一，要确立一个明确的标题句，以此统领全局，确保内容层次井然有序；其二，各标题层次间需构建严密的逻辑关系，相互支撑、相辅相成，共同回应并深化主题；其三，标题句在表述上应借鉴大标题的精炼风格，力求简洁明了，同时不失挑战性与吸引力。

标题句的设计不应机械地照搬教材的章节标题或目录，而应紧扣主题需求进行创意构思，数量建议控制在 3 至 5 个，以确保内容层次分明、逻辑清晰。以"社会主义的优越性是否具有说服力"这一主题为例，可设计如下标题句："中国共产党人对社会主义的深刻洞察""何种优越性方能令人信服"。教学时可据此深入剖析社会主义的概念、内涵，以及中国共产党人对社会主义本质的理解，进而结合中国特色社会主义建设的辉煌成就，对社会主义的优越性展开有理有据的探讨。

就"马克思主义基本原理"课程而言，围绕"马克思主义是否已然过时"的主题，可设计如下标题句："你对马克思了解多少？""为何说马克思主义坚不可摧？""马克思主义对世界近现代历史的深远影响"。基于此，可对马克思主义的概念、特点进行深入剖析，同时对其对世界近现代历史的巨大影响进行实事求是的论证与评估。

在教学内容的选择上，应精心挑选案例材料，以有力支撑相关观点与结论。选材时需注重材料的权威性、代表性和可验证性，对于未经证实的野史传闻、谣言等，务必予以澄清，避免误导学生。至于专题的篇幅安排，则需根据主题与内容的实际需求来定。从课堂教学的实际情况出发，专题规模不宜过大，也不宜过小。鉴于主题通常具有一定的难度，且课堂讨论需占用一定时间，因此完成一个专题的教学一般需 2 至 4 个课时，最好不要超过两周的时间。若时间过长，内容的紧凑性将受到影响，重点可能被稀释，教学效果也会大打折扣。

（三）导入不同观点，组织小组讨论汇报

在教学活动中，讲议结合、教学相长绝非可有可无的点缀，而是应当成为教学过程中的必备要素。然而，当前高校思想政治理论课在教学互动方面常常遭遇"一头热"的困境：学生对于教学内容及相关议题缺乏热情，回应冷淡，难以形成真正意义上的有效互动。

为提升学生在课堂上的参与度，部分高校在教师的引领下尝试了"学生主讲"这一教学模式，虽取得了一定成果，但在实践过程中也逐步显现出一些问题。首要问题在于学生授课质量的不均一性，这极大地考验着听众的注意力。诚然，那些积极投入、才华横溢的学生或团队，在充分准备后能够奉献出颇为精彩的课堂展示。但不可忽视的是，由于知识积累、时间管理、表达技巧及实践经验等方面的局限，多数学生或团队的授课效果并不尽如人意，这无疑在一定程度上偏离了教学互动的原初目标，难以达成预期的教学成效。此外，这一模式还对原有的教

学计划构成了不小的挑战，影响了教学的整体效率与内容的完整性。给学生授课占用了大量课堂时间，导致教师难以对重难点内容进行充分阐释，也难以完成既定的教学任务。

因此，在专题教学的启动阶段，应迅速而巧妙地引入多样化的观点或典型实例，并以此为基石，提出具有挑战性、能够引发深思与争论的具体问题。随后，可安排各学习小组进行 5 至 10 分钟的深入研讨与成果分享，旨在通过学生的初步探索与思考，为教师后续的深度剖析奠定坚实的基础。为确保小组课堂研讨的顺利进行与高效产出，教师应精心挑选并巧妙融入那些高质量、具有代表性的不同观点，并明确观点的来源，以此激发学生的探究热情与讨论欲望。

（四）理论阐释要深刻与彻底，要既有说服力，又有价值引导

理论若能做到深入骨髓的剖析，便自然能令人信服；而一旦理论能够说服人，便能凝聚起广泛的群众基础。所谓"深入骨髓"，指的是要触及事物的本质。在高校思想政治理论课的语境中，理论阐释的深刻性与彻底性，是确保学生能够被真正说服、让理论根植于他们内心的关键。要达到这样的"彻底"，就必须直面大学生群体所普遍面临的困惑、难点与疑惑，运用历史的透镜、辩证的思维、比较的方法，以及全面而深入的剖析，来构建一个既逻辑严密又层次分明的论述框架。

要实现这种深刻且彻底的理论阐释，首要任务是聚焦于学界及学生广泛关注的难点与疑点。这些问题不应成为教师回避的棘手之物，反而应被视为阐述理论的起点与归宿。其次，在理论的分析与阐述过程中，需紧扣这些重难点，从基础概念出发，逐步深入、层层剥茧，以通俗易懂的方式，将复杂的理论概念转化为易于学生理解的语言，同时确保分析的深度与广度，使学生能够全面而深刻地领悟并掌握这些理论精髓。再次，理论阐述必须基于坚实的事实基础，言之有物，避免空洞无物的文字游戏。最后，理论阐释还应具备鲜明的价值导向，彰显马克思主义以人民为中心的根本立场。

三、提高思想政治理论课网络教学的实效性

（一）增强思想政治理论课网络教学的趣味性

课程网站作为高校思想政治理论课网络教学的重要基石和核心支撑，其建设质量对于确保教学流程顺畅以及激发学生的学习热情具有至关重要的作用。一个既安全可靠又功能全面、资源丰富且形式多样的课程网站，是推动网络教学高效

展开的关键前提。这样的网站能够有效点燃学生的自主学习热情，促使他们更加主动地投身于网络学习活动中，从而助力教学目标的顺利达成和教学效果的显著提升。

当前，广泛应用的网络教学平台在功能模块设计上已趋于完善，能够全面满足教学过程中的多样化需求。这些平台集课程通知发布、答疑讨论区互动、教学资料库共享、教学邮箱沟通、学习笔记记录、作业布置与提交、试题库与在线测试、问卷调查以及教学博客分享等多重功能于一体，在教师与学生之间建立了紧密的互动纽带。教师可以依托平台即时发布并更新教学信息，高效布置作业任务，同时还能灵活发起话题讨论，迅速回应学生疑问，进一步加深师生之间的相互理解，从而实现对学生学习更为精准有效的引导与管理。对于学生而言，这些平台提供了海量的学习资源与便捷的交流渠道。他们可以轻松访问教学课件、网页版电子教案，查阅丰富的参考文献与推荐书目，观看教学录像以深化理解。同时，学生还能积极向教师提问，主动参与或发起话题讨论，分享学习心得与感悟，共同营造一个活跃且富有成效的在线学习氛围。然而，遗憾的是，许多功能模块并未被思想政治理论课教师和学生充分利用。部分教师过于注重网站的思想性和知识性建设，却忽视了其趣味性的提升；过于关注网站内容的充实，却忽略了形式上的创新；在网站的开发建设过程中，对学生的实际需求和兴趣点考虑不足。这些问题都在一定程度上影响了学生进入教学平台进行学习的积极性。

为了切实提升高校思想政治理论课网络教学的实效性，我们不仅要充分挖掘和利用网络教学平台现有的功能优势，还应紧密结合思想政治理论课各门课程的教学需求和学生实际需求，开发设计更多新颖实用的功能模块，如生活就业指导、心理健康咨询服务、影音娱乐天地、专家在线访谈等。这些新增模块，使思想政治理论课教学网站在具备教育功能的同时，也融入了部分服务功能和娱乐元素，大幅增强了其对大学生的吸引力。

此外，社交网站、QQ、微博、微信、电子邮箱等是大学生日常生活中频繁使用的网络平台和工具，思想政治理论课教师应积极借助这些平台和工具开展网络教学，并将其与课程教学网站实现有机融合，以进一步提升思想政治理论课的教学效果和影响力。

（二）建立调动教师参与思想政治理论课网络教学积极性的有效机制

高校思想政治理论课网络教学的成效，在很大程度上取决于教师的重视程度与参与深度。因此，我们必须着手建立一套全面而有效的机制，旨在激励并保障教师积极参与网络教学活动。

首要任务是营造一个高效且充满活力的网络教学氛围。为此，我们需构建一套领导有力、协调顺畅的保障体系，以广泛传播网络教学的价值，从而点燃思想政治理论课教师投身网络教学的激情。高校应当成立专门的网络教学管理机构，该机构不仅要肩负起引领与协调网络教学工作的重任，确保教学活动高效推进与持续优化，还要严格监督网络教学活动的整体运行，确保其紧密贴合教育目标并满足质量要求。同时，加强校园网的建设与维护，打造一个安全、稳定、高效的网络环境，可以为网络教学平台提供坚实的技术后盾。此外，我们还应采取一系列务实措施，如制定网络教学操作规范、确立质量标准、建立教学反馈与评估体系，以及为师生提供全面的在线技术支持与培训等，以全面提升网络教学的质量与效果。

另一项关键举措是建立思想政治理论课教师间的协同合作机制。鉴于高校思想政治理论课教师工作量繁重的现状，为了充分调动他们参与网络教学的积极性，我们应当积极推行课程间的资源整合，促进教师之间的紧密合作与优势互补。具体来说，针对课程网站内容的更新、学生作业的批改、电子邮件的回复、论坛帖子的审核以及疑难问题的解答等环节，我们应依据教学内容的特点以及每位教师的专业优势与兴趣，进行科学合理的任务分配，并设立教师轮流值班制度。这一制度旨在通过定期的角色轮换，使每位教师都能亲身参与网络教学的各个环节，既有效分担了工作压力，又促进了教师间的经验交流与技能共享，从而共同推动思想政治理论课网络教学质量的提升。

参考文献

［1］陈晓娟.微课在思想政治理论课中的开发、设计及应用研究［M］.北京：
经济日报出版社，2020.

［2］吴满意，刘强，景星维，等.高校思想政治理论课虚拟社会实践研究［M］.
成都：电子科技大学出版社，2016.

［3］蒋杰.思想政治理论课问题教学体系设计理论与方法研究［M］.成都：电
子科技大学出版社，2018.

［4］邹建平，陈静，陈君.高校思想政治理论课实践教学研究［M］.北京：北
京理工大学出版社，2018.

［5］杨非，张敏.信息化背景下高校思想政治理论课教学研究［M］.北京：北
京理工大学出版社，2019.

［6］白云，张文卿.高校思想政治理论课社会实践设计与应用研究［M］.青岛：
中国海洋大学出版社，2019.

［7］李雅茹.新时代高校思想政治理论课教学改革与创新［M］.上海：上海远
东出版社，2019.

［8］吴素香.大学生思想政治理论课社会实践方法指导［M］.武汉：华中科技
大学出版社，2019.

［9］张加才.高校思想政治理论课实践教学模式研究［M］.北京：中国民主法
制出版社，2016.

［10］刘素娜，周江平.改革开放以来思想政治理论课教学方法研究［M］.湘潭：
湘潭大学出版社，2020.

［11］朱丽霞.课程思政视域中的思想政治理论课"三合一"实践教学模式研究
［M］.武汉：武汉大学出版社，2020.

［12］陈寿灿，崔杰，郑根成.增强大学生思想政治理论课获得感研究［M］.杭州：
浙江工商大学出版社，2021.

［13］邢亮，殷昭鲁.高校思想政治理论课实践教程［M］.北京：新华出版社，
2021.

［14］许晓玲.思想政治理论课情感教学论［M］.厦门：厦门大学出版社，
2021.

［15］蒋家胜，范华亮，李丹，等.高职院校思想政治理论课教学设计新论［M］.
成都：西南交通大学出版社，2021.

［16］孙海英，侯婷婷.沂蒙精神融入高校思想政治理论课教学研究［M］.徐州：
中国矿业大学出版社，2021.

［17］刘玖玲.高校思想政治理论课对分课堂教学实践与反思［M］.广州：华
南理工大学出版社，2021.

［18］李正兴，左功叶.传承红色基因的高校思想政治理论课教学改革研究［M］.
北京：新华出版社，2022.

［19］陈飞.实践育人：高校思想政治理论课社会实践指导教程［M］.厦门：
厦门大学出版社，2022.

［20］程旭惠.高校思想政治理论课教学方法的优化探索［M］.北京：线装书局，
2023.

［21］李丽.论"新时代好青年"的内涵特质及其培育的着力点［J］.马克思主
义理论教学与研究，2023，3（3）：136-148.

［22］龚春红.论我国三代领导人的科技思想［J］.探索，2005（4）：4-8.

［23］李海容，仇小蕊.推进课程思政建设，强化协同育人功能[J].河南教育（高
等教育），2022（4）：68-70.

［24］狄玉春，刘红健，刘山.全省教育工作会议在石家庄召开［J］.河北教育，
1999（11）：5.

［25］马跃，曹雪梅.本科课堂教学改革的新探索：评《对分课堂：中国教育的
新智慧》［J］.新闻与写作，2017（12）：129.

［26］郑兰兰.立德树人视域下的卫生职业院校思政课"一体三环"教学模式探
究［J］.科教文汇（上旬刊），2020（34）：148-149.

［27］杭金菊，马无纤，苏卫东.论党对高校思想政治工作队伍建设的重视［J］.
党史博采（下），2021（8）：56-58.

［28］陈凤玉，包国祥.落实立德树人根本任务 办好思想政治理论课［J］.赤峰
学院学报（汉文哲学社会科学版），2019，40（10）：111-113.